꾸란과 순나

The Qur'an and The Sunnah

쌀람누리 이슬람 학습 25

THE QUR'AN *and* THE SUNNAH

꾸란과 순나

이스마일 라지 알-파루끼
루이스 라미야 알-파루끼 지음

쌀람누리 옮김

아마존의나비

머리글

국제이슬람사상연구소의 '이슬람 학습' 25번째 책
으로 이스마일 알-파루끼와 부인 라미야 알-파루끼
의 『꾸란과 순나』를 출판하게 되어 매우 기쁩니다.

이스마일 라지 알-파루끼 *Ismail Raji al Faruqi, 1921~1986* 교수
는 팔레스타인계 미국인 철학자로 깊은 예지력을 갖
춘 비교 종교학 권위자였습니다. 학자로서 그의 학
문은 이슬람학 전 영역에 걸쳐 종교학, 사상, 역사,
문화, 비교 종교, 미학, 윤리, 정치, 과학, 경제 등 모
든 분야를 망라합니다. 말할 바 없이 알-파루끼는
20세기 가장 뛰어난 무슬림 학자로 손꼽힙니다.

이스마일 라지 알-파루끼의 부인 루이스 라미야
알-파루끼 *Lois Lamya al Faruqi, Lois Ibsen, 1926~1986* 교수는 이슬람
예술과 음악 전문가로 버틀러, 펜실베니아, 빌라 노

바, 템플 대학 등에서 학생들을 가르쳤으며, 아랍 음악 용어 주석, 해설집, 여성학, 사회학, 이슬람학 등의 저술을 남겼습니다.

1981년 설립된 국제이슬람사상연구소 *The International Institute of Islamic Thought, IIIT*는 이슬람적 가치와 비전과 원칙을 기반으로 진지한 학술 활동을 촉진하는 핵심 역할을 수행해 왔습니다. 지난 40년간 쌓아 온 이 연구소의 연구 프로그램, 세미나와 학술 회의 결과는 400권 이상의 영어와 아랍어 서적으로 출판되었으며, 그중 상당수는 다른 언어로 번역 출판되기도 하였습니다.

아나스 쉐이크 알리
국제이슬람사상연구소 런던 지부 학술 고문

옮긴이 글

이슬람은 하나님의 계시 '꾸란'과 선지자 무함마드 언행록인 '순나'를 통해 교리가 완성됩니다. 그러나 창조주이신 하나님의 신적 메시지인 계시와 인간으로서 선지자의 가르침에는 근본적인 큰 차이가 있습니다.

계시가 인류의 올바른 삶을 위한 안내와 지침이라면 선지자 무함마드의 언행록인 순나는 그 계시를 직접 받은 사람으로서 보여 주는 안내와 지침을 따르는 예시라 할 수 있습니다.

이스마일 알-파루키의 이 책은 비록 꾸란이나 선지자 무함마드의 언행록인 순나를 직접 다루지는 않지만 지구상의 계시 역사와 패턴과 구조와 내용을 설명하는 한편 그 계시를 받은 당사자인 인간 무함마드를 하나님 종복으로서, 진리의 초대자로서, 한 가족의 일원으로서, 나라의 지도자로서의 모습을 간결하면서도 명료하게 소개합니다. 내용은 빠른 속도로 전개되지만 이슬람을 통해 안내되는 하나님 메시지의 정수가 모자람 없이 펼쳐집니다.

비록 이 작은 책으로 이슬람 모두를 이해하기에는 아쉬움이 남을 테지만 이 안내서는 창조주 하나님의 계시 꾸란과 선지자 무함마드의 언행록인 순나를 본격적으로 탐구하기에 앞선 안내서로 부족함이 없으리라 여깁니다.

2023년 06월

쌀람누리

쌀람누리는…

쌀람누리는 '평화와 안녕'이라는 뜻을 갖는 아랍어 '쌀람'과 세상을 뜻하는 한국어 '누리'를 결합해 '평화로운 세상'을 의미하는 비영리 단체 *Non-Profit Organization* 입니다.

쌀람누리의 목표는 사회적 약자와 온정 나누기에 노력하며, 더 나은 사회 복지를 위해 힘을 모으고, 학생들의 교육 환경을 위한 연구 개발을 돕는 한편, 문화 교류와 출판을 통해 이 세상의 일원으로서 노력하는 일입니다.

왜곡과 편견으로 그릇된 인식론을 바로잡는 데 앞장서며 이를 통해 건전한 사회 생활 정착에 노력하고 환경 오염과 무실서로부터 지구를 보호하는 데 일조

하여 이 땅에 가족으로서 그 가치를 함께하고자 합
니다.

쌀람누리는 한국무슬림학생회와 협력하여 세계
유수의 학자들을 초청하여 세미나, 워크숍, 학술회
의 등 다양한 연구 학술 활동을 비롯, 청소년 캠프,
사회 활동 전시회, 아랍/한국어 공개 강좌, 이슬람
서적 출판을 이끌고 있습니다.

www.salamnuri.org

차례

The Qur'an

1부

꾸란

계시 내용과 역사

예언 계시 역사, 즉 인간에게 전달하는 하나님 뜻은 오랜 역사를 통해 다양한 형태를 보여 왔다. 아주 초기에는 신 혹은 신성^{神性}이라고 여겨지는 그 누군가가 자연 세계에 존재하는 징표를 통해 간접적으로, 또는 예지력이나 꿈을 통하여 신적^{神的} 의지를 밝혔는데, 이를 위해서는 소통과 판독을 담당해 주는 사제 제도가 있어야만 했다. 예언 계시는 기억을 되살림으로써 보존되었다. 상기되고 암송되어 의식 행사에서 사용되었으며 그중 몇몇은 번역되어 살아 있는 전통이 되었지만 나머지 대부분은 원래 계시를 받은 주체가 사라지고 난 후 잊히거나 다르게 변모되었다. 이 모든 것은 자연스레 잊히거나 개인적 해석과 그것을 전달하는 매체의 필요와 조건에 따라 흥망성쇠를 겪는 변동의 대상이었다. 원문 보존과 기록이 늦어졌지만 아무리 늦어지더라도 어쨌든 글의 발명을 기다려야만 했다. 신적神的 메시지는 신성하므로 조작을 금지하는 종교적 금기 대상이라는 발상은 계시의 역사 그 자체 만큼이나 오래되었을지도 모른다. 가장 초창기에 그런 신성함을 담고 있노라고 주창한 신적 메시지는 바로 (메시지 공표자가 언급했다는 내부 증거로서 확립한)함무라비 법전이다. 삽화적인 면과 언어적인 면에 그 증거들이 있다. 전자는 율법을 건네주는 정의의 신 샤마쉬Shamash 면전에 함무라비Hammurabi가 경건한 자세로 임한다. 후자는 함무라비 자신이 법전 최후의 실행자이자 관리자인 신으로부터 위촉받았음을 확인하였으며, 본문을 조작하는 자를 다루는 규정을 둔다.[1] 아라비아 반도에 반영하는 유일신관인 하니피Hanifi 전통에 대해 꾸란은 아브라함Ibrahim에게 준 계시서를 인용한다.[2] 비록 고고학자들이 아직까지 그들 존재에 대한 물리적 증거를 밝혀내지는 못했지만 그렇다고 그들 존재에 대한 추정이 불합리한 일은 아니다.[3]

---

[1] 함무라비 법전 프롤로그와 에필로그에 언급되어 있다. J. Pritchard, *Ancient Near Eastern Texts*(Princeton, N.J.: Princeton University Press, 1955), 164~165쪽과 177~180쪽에서 각각 인용.

[2] 꾸란 87장18-19절.

[3] John Bright, *A History of Israel*(London: SCM Press, 1960), pp. 62–63; George E. Mendenhall, "Covenant Forms in Israelite Tradition," *The Biblical Archeologist* 17(1954), pp. 58–60; Stanley B. Frost, *Patriarchs and Prophets*(Montreal: McGill University Press,

사학자들은 아브라함의 기원을 가부장적 시대인 기원전 2000~1400년경에 두는 것으로 의견을 모았으며, 그가 읽거나 쓸 수 있는 것으로 여겨 함무라비 시대 사람들만큼이나 그의 메시지가 동포나 동료들로부터 존경받았음을 사실로 받아들였다. 다음으로 나타난 이런 주장은 기원전 715년부터 687년까지 유다를 다스렸던 히스기야*Hezekiah* 왕을 대신하여 제기된 것이었다. 히스기야의 명성에 대한 주장은 그가 히브리 전통 의식을 중앙 집권화하여 이룬 개혁으로, 구약성서의 신명기가 요구하는 조건을 충족시켜야 했으며 그 본문의 존재와 신성을 사람들에게 밝혀야만 했다. 하지만 그 개혁에 관련되어 암시한 법서는 어떤 것도 없었다.[4] 개혁과 관련해서는 히스기야 왕위 후계승자인 요시아*Josiah, 기원전 640년~609년*의 '책'에 실제로 언급되었는데, 이것은 그런 종류에 대한 세 번째 주장[II 열왕기 22:8]에 해당한다. 대제사장인 힐기야*Hilkiah*는 왕의 지시로 사원 금고에 있는 은붙이를 꺼내 성벽을 수리하는 데 쓰던 중 증빙되지 않은 '법서'를 발견하게 된다.[5] 왕은 힐기야뿐 아니라 모든 신하

1963), pp. 15–16.

4 H. H. Rowley, *The Growth of the Old Testament*(London: Hutchinson University Library, 1960), pp. 30–31.

5 앞의 책; H. Wheeler Robinson, *The Old Testament: Its Making and Meaning*(London: University of London Press, 1961), p. 189.

중동 인근 지역의 고대 종교 지형도

들로 하여금 백성들에게 가서 다음과 같이 묻도록 명령하였다.

"우리 조상들조차 들어 보지 못한 유대인에 관한 이 책에 대하여 아는 사람이 있는가?"

어느 누구도 그 미끼를 물지 않았지만, 평판이 의심스러운 '여성 선지자' 훌다*Huldah*가 왕이나 대제사장이 모르는II 열왕기 22:11-20 책에 대하여 반가나안주의나 반동화주의反同化主義적 관점을 지킬 수 있는 기회를 확실히 잡게 되었다. 후에 네 번째 주장이 나타났다. 예레미야*Jeremiah*에게 찾아온 '신의 말씀'은 기원전 598~597년경 여호와킴*Jehoiakim* 왕이 불 속에 던져 버렸다. 바빌론의 손으로 유다*Judah*에 대한 가혹한 형벌이 위협되었기 때문이다예레미야 36:20. 예레미야는 그 내용을 암송하였기에 '신의 말씀'은 파괴되지 않았다. 그러나 예레미야의 책 편집자는 예레미야에게 온 "'신의 말씀' 이외에 더 많은 말들이 덧붙여졌다"예레미야 36: 32는 사실을 독자들에게 경고하는 것이 온당하다고 보았다. 2세기 후 에즈라*Ezra* 학자들이 꾸란 초기판(초기 하나님의 계시)과 대조해 P로 구분해 놓고 위에서 언급했던 요시아, 힐기야, 훌다를 구분한 J와 E와 D에 대비되는 법전인 신법을 제시했을 때 다섯 번째 주장이 제기되었다.[6] 그리스도교 이전 2천 년의 역사를 통해 히브리인들은 확실히 많은 계시를 받았었다. 하지만 그 신성을 합당한 방법으로 증명하거나 동의했다거나 문자로 보관했다는 증거는 없다. 서기 100년 얌니아*Jamnia* 평의회*Yibna, 이브나*에서는 알려지지도 않은 사람들로부터 수없이 수정되고 편집되며 전해 내려오던 옛 문헌들이 '그 더럽히던 손길'로부터 보호하였기에 신성하다고 선언되었다.[7] 그때까지는 '후後 예언서舊約聖書'나 '제서諸書, 구약성서 3부'로 알려진 본문들이 최종적으로 정해지지 않았음에도 첨부되었다. 성전聖典 승인 과정은 우선 '모세 5경'이 정본으로 인정된 후 나머지의 전집이 그 뒤를 따르는 긴 과정이었다. 계시서 원문에 대한 이러한 발달 과정은 대부분 예언 현상에 대한 태도 변화에 따라 결정되었다.

메소포타미아에서는 임명된 왕과 지역 통치자들이 하늘의 메시지를 받아 그 내용을 백성들에게 전하는 역할들을 맡았다. 신성에 대한 숭배는 국가와 그 구성원에 대한 존경

....

6 Bright, *A History of Israel*, pp. 374–375; Rowley, *The Growth of the Old Testament*, pp. 34–36; 느헤미야서 8. 편집자는 '에즈라가 "백성들이 법을 이해하도록" 혹은 "독해를 이해하도록" 읊조렸다는 바빌론에서 가져 온 율법 내용이 (에즈라 7장 14절) 히브리어가 아닌 당시의 사람들이 이해할 수 없었던 다른 언어를 암시한다'고 주장한다.

7 "잠니아 평의회까지(기원 전 90년경) [숭배되었지만 확실성을 인정할 수 없는 특정 서적들]을 정본이라고 말하는 게 부적절하나" 라고 쓴 H. H. Rowley는 Oesterley나 Robinson이나 Holscher를 적극적으로 인용했다.

으로 연결되었다. 이런 숭배는 전혀 시들지 않고 나라의 흥망성쇠나 힘에 상관없이 지속되었다. 히브리인 문제는 같은 메소포타미아를 배경으로 했음에도 우르^{Ur}를 탈출한 이래 수세기에 걸쳐 더욱 더 원시 사회 형태로 바뀐 것으로 보인다. 야곱^{Jacob}이 자신의 고용주였던 삼촌의 신들을 탈취_{창세기 31:19-22}하고, 요르단 강 근처에서 귀신처럼 군림하던 하나님과 씨름_{창세기 32:24-32}한 것, 베니 엘로힘^{Beni Elohim}(문자 그대로 신^神들의 아들들)과 (J와 E 출처의 유물로 인정된)인간의 딸들과의 결혼_{창세기 6:2-4} 등은 메소포타미아의 고귀한 조상보다는 가나안에서 히브리인들의 대중 신앙 수준을 드러냈다.

미디언^{Midyan}의 큰 사제였던 이드로^{Jethro}와의 인연을 통해 종교와 문화적 측면에서 이집트인으로 자란 모세^{Moses}는 양육 기간이 끝나자마자 자신의 메소포타미아 유산을 되찾았다. 함무라비와는 달리 율법 본질을 담은 메시지에서 모세는 신께서 자신에게 직접 말씀하시는 것을 보았다. 그렇지만 히브리 사람들과 그들 동료들은 함께 집결해 가나안으로 향했던 인보동맹의 사람들이 그곳에 정착하면서 이집트로 가기 전 가나안 사람들의 습관으로 되돌아갔다. 사사기^{士師記} 시대에서 다윗^{David}에 이르기까지_{기원전 1200~1000년}

마을들은 온통 나팔과 북과 노래와 춤으로서 예언을 실천하였다_{II 열왕기 4:1.} 모든 대중은 '예언'의 질탕으로 빠져들 것이다_{I 사무엘 10:5, 10:18-19.} 구약성서가 보여 주는 증거를 따른다면 사무엘^{Samuel}과 다윗과 솔로몬 아래에서 예언은 길들여지고 선지자들은 거의 (사무엘, 예레미야, 에스겔, 파슈허처럼)성직자로 변해_{이사야 8:2, 예레미야 20:1-6} 정책을 변함없이 떠받드는 공무원처럼 모두가 군주제와 국가 정책을 굳게 옹호했다. 국가 공무원들은 분명 다윗 휘하에 있었는데 그의 왕국이 신의 소유이며 왕조가 영원하다는 목소리를 내는데 그들을 이용하였다. 솔로몬 통치 기간 동안에 쌓인 정책에 대한 불만은 일부 군주제에 대한 비판적 반대 목소리로 나타났다. 솔로몬이 죽고 난 후 예언은 국가로부터 벗어나 권위 있는 신의 자율적 목소리로서 자리하게 되었다. 수세기에 걸쳐 선지자들은 신적^{神的} 선언을 사람들에게 전했는데, 종종 왕족과 국가 정책 및 행정과 대중 종교나 사회 관행에 대한 비난과 비판이 있었다. 예언이 메소포타미아에서 이룬 것보다 더 높이 달성된 시기도 이때였다. 예레미야는 신의 말씀을 마법에 부칠 수 없는 불덩어리에 비유하여 이것이 올 때에는 오직 진실을 다 해야만 전할 수 있다고 했다. 이 정점은 오래 가지 못했다. 얼마 지나지 않아 이스

라엘의 쇠퇴와 함께 예언도 퇴보하여 어느 누구도 진정한 선지자와 히브리 사람들 사이에서 떠돌던 수백 명의 거짓 선지자들을 구분해 낼 수 없게 되었다.

예수는 이처럼 예언 현상이 퇴보하는 와중에 왔다. 히브리 경전은 이미 찬양받고 있었으며 예수는 모든 곳에서 이를 언급했다. 말하는 사람이

쿠웨이트의 현대적 모스크에 전시된 칼리그래피 조각. 원형 가운데에 '하나님 이름으로'라는 문장, 중간에는 꾸란 33장 35절, 외곽에는 꾸란 91장 1절~15절의 문장이 적혀 있다. [이쌈 따지 제공]

나 듣는 사람이나 모두가 신성불가침과 그 기원과 권위, 불변성을 추정해야만 했다. 더군다나 예수의 제자들은 모두가 유대인으로서 계시된 메시지와 금기 사항을 잘 알고 있었음에도 예수의 새로운 계시를 누구 하나 충분히 기억하거나 기록할 만큼 존중하지 않았다. 이것이야말로 분명 그를 비난하던 자들과 적들, 또 일반적으로 믿지 않는 자들이 예상할 수 없던 일이었다. 하지만 해괴한 일은 믿는 이들에게도 마찬가지였다는 사실이었다. 예수가 가르쳤던 몇몇의 비유, 그가 인용했던 속담과 일반적인 속담, 히브리 경

전 일부 구절에 대한 그의 기억과 더불어 그의 삶에서 나온 몇 가지 일화들이 그의 메시지에서 살아남은 전부였다. 하지만 이 중 어느 것도 예수의 본래 언어로 알려진 아람어로 간수되지 않았다. 이 모두는 그리스어로 걸러졌는데 이는 예수와 청중들에게 있어서는 그 어휘뿐 아니라 사상의 범주에 있어서도 낯선 언어였다. 학자들은 그리스계 그리스도교와 다툰 '유대'나 '팔레스타인'계 그리스도교와, 예수 메시지가 나타난 직후 취해진 형태에 대해 말한다. 결국 그리스계 그리스도교가 승리함으로써 예수의 '아람어 메시지'는 영원히 사라지게 되었다.

계시록 본문 사하자들에게 매우 유감스러운 이러한 상황들은 근세기 이전까지 가장 위대한 비교학자이며 신·구약 본문에 대한 최초의 비평가였던 이븐 하즘^{Ibn Hazm}으로 하여금 신약 분석에 대한 부담을 덜어 주었다. 그는 토라^{The Torah}에 대해 다음과 같이 썼다.

"'토라'는 신으로부터의 말씀 그대로 모세에게 전해지고 그걸 모세가 직접 적은 것이라고 지지자들이 주장했다. 그래서 나는 그 반대를 정립하기 위하여 오랫동안 끈질기게 본문을 분석한 내용을 서문으로 써야만 했다. 다행히도 신약성서에 대해 이런 주장을 하는 그리스도교인은

없었다. 모든 그리스도교인들은 신약성서 본문이 (마태,
마가, 누가, 요한)네 명의 복음서 저자들의 작업으로 구
성되었으며, 나머지는 다른 사람들이 썼다는 것에 동의
한다." [8]

8 Ali ibn Hazm, *Kitab al Fasl fi al Milal wal Nihal*(Cairo: Mu'assasat al Khanji, 1321/1903), Vol. II, p. 22.

현상의 정점

어떤 의미에서 함무라비, 모세, 예레미야는 예언 현상의 정점이라고도 할 수 있을 것이다. 그들 각자는 신이 당신의 뜻을 언어로서 완벽한 문자 그대로인 절대적 명령으로, 필요 불가결하며 일시에 차선책이 없는 신령스러움의 척도를 갖춘 계시를 보냈노라고 간주한다. 하지만 세 사람의 메신저가 오늘 지구로 돌아온다 할지라도 자신의 결과물을 인지하지 못할 것이다. 어쩌면 함무라비 혼자만 자기 이름을 인식할 수 있는 코드를 알아차릴 수 있을지 모르겠다. 우리에게 있는 코드 문구는 돌기둥 현판에 있었는데, 기원전 1207년과 1171년 사이 엘람인*Elamites*들의 기습으로 함무라비 이후 5세기 이상 메소포타미아에서 수사*Susa*(이란 서부에 있는 유적으로 고대 엘람의 수도)로 옮겨졌다. 원래 돌기둥의 현판에 있던 문구인지는 우리가 알 수 없다. 그렇다 할지라도 이것은 엘람인들에 의해 파손되었기 때문에 사라진 부분들을 코드의 후기 복사본으로 채워 넣어야만 했다.[9]

캐나다 오타와의 모스크. 1981년 건축.

한편 모세와 예레미야는 구약성서 본문 안에서 하늘과 주고받은 자신들 메시지의 확실한 내용을 어떤 언어나 형태로도 찾아내기 어려웠다. 수많은 수집가나 편집자들에 의해 메시지 내용이 심하게 변형되었을 뿐 아니라 그들의 언어 자체가 이미 오래전에 사라지고 잊혀 있었다. 그들에게 속한 것이 무엇이었건 간에 선지자 자신이나 초기 대중들과는 달리 수많은 민족이나 시대를 거치며 자신의 언어 및 표현 양식과 다른 느낌이나 생각의 방식으로 짜 맞추고 재정형화되었다. 비록 구약성서가 서술에 있어 신뢰받는다 하더라도, 이들 선지자들의 진정한 메시지는 그 이전의 모든 신성한 전령들이 전한 것처럼 언어, 관용구,

9 Pritchard, *Ancient Near Eastern Texts*, pp. 163–164.

문장 구성, (사전 편찬상, 문법적, 편집상, 문체, 관념적)형식들을 가늠할 수 없고 영원히 풀 수 없는 구조적이고 역사적인 문제들 아래 묻혀 있다.

무함마드가 세상을 떠나가기 전(히즈라 10년, 서기 632년)까지 20여 년[정확히는 23년]간 전달된 메시지에서 우리는 전혀 다른 경우를 마주한다. 무함마드의 선지자적 지위와 천사가 신의 계시를 받아 그에게 지시한 메시지로 전한 꾸란은 예언 현상의 최상이자 궁극적 전개를 보여 준다. 이전의 어떤 선지자와 달리 무함마드가 오늘날 돌아온다면 의심할 바 없이 꾸란이야말로 하나님으로부터 자신이 계시 받아 따르는 사람들에게 전달했던 바로 그 내용이라 확신할 것이다. 꾸란은 완벽한 모습 그대로 온전히 보존되어 왔으며 단 한 글자도 바뀐 데가 없다. 바른 낭독을 위해 발음

캐나다 이슬람센터인 알 라시드 모스크, 알베트라 에드몬튼 소재, 1982년 완성.

꾸란과 순나

부호가 추가되었으며 서체는 정확하게 읽고 암송이 편하게 개선되었다. 오늘날 꾸란이 구성된 순서는 당시 천사가 선지자에게 알려 준 것과 같은 순서와 정확히 일치한다. 더군다나 당시에 선지자와 그때 사람들이 쓰던 언어는 아직까지도 살아 있다. 수억 명이 이것을 읽고 쓰며 말

이라크 사마르라에 있는 알-무따와킬 대 모스크의 나선형 미나렛.

한다. 문법과 구문과 관용구와 문학적 형태, 즉 표현 매체와 문학적 미의 구성 요소 모두 선지자의 시대와 여전히 동일하다. 이 모든 것은 꾸란을 비길 데 없는 인류 문화의 현상으로 만드는 요소이다.

신성한 어구 그대로의 꾸란

꾸란은 114수와르*suwar, 장(章), surah의 복수형* 6,616아야트*ayat, 절(節)* 77,934단어, 총 323,671자로 구성된 문서이다. 마카*Makkah*와 마디나*Madinah*에서 환경에 따라 한 번에 몇 구절씩

계시되었다 하여 마카 장* 또는 마디나 장*이라고 부른다. 선지자 무함마드를 아주 놀라게 만들었던 처음의 몇몇 계시를 제외하고 각 계시는 그것이 말하고자 하는 상황적 맥락을 지니고 있었다. 이런 현상이 모두는 아니더라도 그중 대부분은 학자들에게 아스밥 알 누줄*Asbab al Nuzul*(계시의 상황적 원인)으로 알려져 있다. 각 계시는 처음부터 마지막까지 선지자 기억 속에 각인되어 친인척이나 교우들에게 있는 그대로 전해졌으며, 그들은 차례대로 외우고 암송하다

선지자 시대의 마카 주변 지도.

나중에는 문서로 그 모든 내용을 기록했다. 무함마드가 생을 마칠 때, 꾸란 모두 또는 일부를 듣고 외우는 사람들은 약 3만 명 정도에 이르렀다. 그들 중 일부는 읽거나 쓸 수 있었으며 꾸란 전체나 일부를 기록하는 데 헌신했다. 기록 가능한 형태로는 가죽이나

꾸란과 순나

뼈, 돌판, 나무, 천 조각, 파피루스 등과 같은 자연 그대로의 것들이 포함되었다. 꾸란은 약 23년에 걸쳐 누적된 과정으로 계시되었으므로 선지자는 해마다 계시를 정리하고 또 재배치했다. 그 일은 단식 기간인 라마단 달에 행해졌는데, 가브리엘 천사는 새로 계시된 구절의 위치를 알려 주었으며, 선지자는 그때까지 계시된 모든 내용을 천사가 새로 정해 준 순서대로 예배에 임할 때나 평상시 낭송하고는 했다. 14세기에 걸쳐 수많은 무슬림들은 이러한 선지자의 관행에 따라 예배나 일상에서 기억하고 있는 꾸란을 낭송했다. 이슬람법에 따르면 종교 의식 절차인 예배에서 꾸란 낭송은 청결을 상실하거나 사망하는 경우를 제외하고는 중단될 수 없지만, 낭송 도중에 오류가 발생하면 중단할 수 있으며 또 반드시 중단되어야만 한다. 이러한 경우, 배석한 다른 예배자는 잘못 읽었거나 생략되었거나 틀리게 발음된 구절을 소리 높여 바른 내용으로 낭송할 수 있다. 꾸란은 글쓰기도 권장했다. 문맹이었던 선지자는 계시를 기록하기 위해 필경사를 고용했었다. 그 밖의 여러 사람들 역시 기록에 나섰다. 무함마드가 세상을 떠난 해, 선지자의 필경사가 쓴 모든 계시문들을 수집하여 선지자 부인이자 1대 칼리프인 아부 바크르*Abu Bakr*의 딸, 아이샤*Aishah*의 집에 보관하였다.

터키 이스탄불의 웅장한 술레이만 모스크.

12년이 지난 후, 아라비아 반도 이외의 많은 지역에서 비아
랍어권 사람들이 이슬람 품에 들게 되었는데 이 때문에 꾸
란 낭송에 있어 일부 오류를 드러냈다. 이에 오스만 칼리프
는 선지자의 필경사들을 선지자의 글을 잘 아는 교우들과
꾸란 기억력이 가장 뛰어난 교우들로 구성된 위원회의 책
임자로서 임명해 꾸란을 책으로 만들도록 했다. 책은 연내
에 완성되었으며 서너 권 제작되어 배포되었다. 오래된 이
책들 사본 중 하나는 아직까지도 존재하며 우즈베키스탄
부카라*Bukhara*에 있다 오늘날 전 세계 무슬림들의 가정에 간
직되어 있으며 수백만 명이 암기하여 낭송하는 꾸란은 약

꾸란과 순나

간 개선된 발음 부호와 철자법과 서체를 제외하고는 14세기 전에 선지자가 암기하여 교우들에게 전해 주었던 그 내용과 같다.

꾸란 본문에 대해서는 역사가 없다. 형태와 발음 부호, 서체 유형을 추적하는 것 외에는 다른 역사가 있을 수 없기 때문이다. 일부 동양사학자들은 꾸란의 몇몇 단어가 어느 정도 다른 억양으로 읽거나, 같은 길이의 구조나 의미가 같은 단어로 대체될 수 있다고 오해한다. 이처럼 낭송 방식의 다양함은 선지자 스스로 승인했으며, 꾸란 해설집에 주석처럼 해석이 첨부되거나 또 낭송 법*qiraah, 끼라아*으로서 대대로 전해졌다. 하지만 이 같은 변화는 꾸란 구성이나 실체나 뜻에 어떤 영향도 끼치지 못한다. 낭송 방식의 다양한 변화들이 존재하는 이유는 바로 선지자가 이들을 용인한 까닭이며, 그 이유는 낭송자 부족이나 지방 언어 전통에 동의했기 때문인지도 모른다. 무슬림들은 꾸란이 마카 지배 부족인 꾸라이쉬*Quraysh* 전통 언어로 계시되었다는 데 동의한다. 그런 까닭에 꾸라이쉬 낭송을 기본으로 하되, 다른 것들을 용인하고 포함하여 각주와 해설을 보탬으로써 이해관계자가 활용하도록 했다. 하지만 이들 중 어느 것이라도

'역사'적이라 불릴 만한 것은 없다.[10] 또 다른 동양학자들도 문제점을 조사했는데 '윌리엄 뮤어' 등은 다음과 같은 결론에 도달했다.

> "꾸란에 있는 모든 구절들은 무함마드 자신의 진품이자 변경이 없는 구성이라고 단언할 수 있으며, 적어도 무슬림들이 꾸란을 하나님의 말씀이라고 주장하는 것처럼 무함마드의 말을 확실히 믿는다는 '폰 하머'의 판결에 거의 근접한다고 결론지을 수 있습니다."[11]

그러므로 한편으로는 역사와 학술적 판단에서, 다른 한편에서는 믿음의 선언 모두에서 완전하고 전체적이다. 꾸란 본문에 대한 역사성과 무결성에는 의심의 여지가 없다. 당시 모두가 알고 있었듯이, 무함마드는 문맹자였고 꾸란을 만들어 낼 수 없었다고 스스로 선언하였으며 꾸란이 이를 확인하였다.꾸란 7장 156, 157절· 꾸란 낱말과 구절은 외부에 근원해 그에게 온 것이어야만 했는데 그 계시가 바로 하늘에서 온 메신저인 천사 지브릴Jibril, 가브리엘로 확인되었다. 따라서 무슬림들은 꾸란을 말 그대로 계시라고 믿는다. 선지자의

10 Labib al Said, *Al Mushaf al Murattal*(Cairo: Dar al Katib al Arabi, 1387/1967), pp. 68–69; Abdullah ibn Abu Dawud al Sijistani(d. 316/930), *Kitab al Masahif*(Cairo: Al Matbaah al Ramaniyyah, 1355/1936).

11 William Muir, *The Life of Muhammad*(Edinburgh: John Grant, 1923), pp. 28.

의식 상태는 수용자였고, 지워지지 않고 각인되는 신성한 말에 고통받는 수동적 환자였다. '녹음기로서의 선지자'는 히브리의 선지자 역사에서 예레미야가 역사상 처음으로 선포한 예언 이론으로, 이는 이슬람의 뛰어남을 뒷받침하는 훌륭한 업적을 이루어 낸다.[12] 하나님 말씀이란 바로 선지자 "입을 통하라"는 것이었다.[13] 이런 사실은 마치 선지자로 하여금 모든 힘과 경건함을 다하여 사람들에게 전하지 않을 수 없는 '불덩어리'와도 같다.[14] 예레미야는 하나님 말씀을 '도둑질'하거나, 그것을 조작하는 사람들, 또는 "하나님께서 혀를 사용하여 말씀하신다"고 떠드는 사람들에게 경고했지만 허사였다.[15] 동일하지만 꾸란은 다음 사실을 더욱 강조되는 맥락으로 분명히 한다.

"[신성한 글을]높은 곳에서 내려보냈노라. … 꾸란을 아랍 언어로 내려보냈으니 … 분명하고 정확한 아랍 언어로 … 우리가 낭송하면 [무함마드여]그대가 말을 따라하도록 … 혀를 급하게 내두르지 말고[계시 내용을 되뇌이도록] … 선지자에게 계시하지 않은 내용을 나에게 돌린다

12 꾸란 53장 4절, 38장 70절, 18장 110절; 예레미야 23장 29~30절.
13 꾸란 18장 110절, 114절; 예레미야 5장 14절.
14 예레미야 23장 29절.
15 예레미야 23장 31절.

면 그의 오른손으로 제압하여 심장 동맥을 끊으리라."[16]

무슬림들은 계시를 진지하게 받아들였다. 꾸란 내용이 지니고 있는 의미와 언어, 형태 모두를 성스러우며 경건히 대했으며 가능한 한 최고의 영예로 여겼다. 자기 존경심의 표출로 아랍 서체와 채색 필사본과 인류에게 가장 고귀하고 풍부한 창조물을 준 조명과 인쇄와 예술을 이 세상에 제공했다.

샘족의 역사적 흐름 속에서 초기 계시는 일상적이고 실용적 산문으로 지어진 법의 코드였으며 후기 계시는 경건함과 미덕에 대한 서술과 장려였지만 평범하고 상식적인

....
16 꾸란 20장 113절, 12장 2절, 26장 195절, 75장 18절, 75장 16절, 69장 44~46절.

스페인 코르도바 대 마스지드 천정 돔 내부의 금색 모자이크(서기 965~970년 건축).

꾸란과 순나

선에 가깝도록 구성되었
다. 히브리어 구약성서에는
절묘하고 아름다움을 담
은 구절들이 많이 수록되
어 있다. 그러나 히브리 성

쿠피에 딿아 새긴 '하나님 이름으로' 문양.[라
미야 알-파루끼 사진]

서 근원의 신성함을 믿는 이들은 그 문학적 아름다움에 대
한 신성함 때문에 아무도 그의 주장을 굽히지 않았다. 오히
려 문학적 아름다움에 대한 이해는 원문의 신성함에 대한
믿음의 결과였다. 믿음에 대한 미적^{美的} 의존도가 동일한 것

은 (그것이 히브리어건 그
리스어건 영어건 간에)성
경이 하나님의 말씀이라는
기독교적 관점을 특징짓는
다. 신의 기원에 대한 믿음
이 없거나 '신의 기원'이 시
^詩와 문자에서 인간 천재성
의 영감^{靈感}과 다르지 않은
영감을 의미하는 것으로
이해될 때, 일반적으로 꽃
말과 운율이 있는 산문에

16세기 쿠피 문양. 금색과 검정색으로 꾸란
112장 1~4절까지 새겨 넣었다.[라미야 알-
파루끼 사진]

대한 엘리자베스 시대 경향을 지닌 킹 제임스 버전이 히브리 성경의 문학적 아름다움에 훨씬 더 가까웠다는 견해이다.

꾸란의 경우는 성경과 반대된다. 의심의 여지없이 꾸란은 아름다울 뿐 아니라 지금까지 알려진 내용 중 가장 뛰어난 아랍어 문학 작품이다. 그 아름다움은 믿음의 결과로 나타나는 게 아니라 바로 그 원인이다. 꾸란이 아름답다는 미적 판단은 신앙을 표명하는 것이 아니라 문학적 분석을 통해 도달하는 비평적 판단이다. 따라서 그 아름다움은 무슬림뿐만 아니라 미적인 아랍어 문학에 친숙한 비무슬림들에게도 해당되는 것이다. 신성함의 근원에 의존하여 그 근원에 대한 믿음에서 흘러나오는 아름다움 대신, 꾸란의 신성함의 근원은 문학적 아름다움의 합리적 결과이다. 아름다움은 그 신성한 근원에 대한 원인이자 증거이다. 이슬람은 (계시라 주장하는)경전의 진실성을 숭고한 아름나움이라

알-아남 꾸란 6장 93~95절까지 무학꾸
끄 문자로 기록된 서간. 14~15세기.

는 사실에 의존한다는 점에서 인류 종교 중에서도 매우 독특하다. 아랍 문학적 아름다움에 익숙한 비평가들의 판단에 신뢰를 보인다는 것은 꾸란 설명을 조건 없이 받아들임을 의미한다.

실제로 이는 선지자와 마카에 살던 반대자들 사이에 일어났던 격렬한 논쟁이었다. 선지자는 마카의 거짓 신들과 사람들의 방탕한 생활 방식을 포기하도록 요구하고 그 요구가 바로 하나님의 권위라 주장하며 이 급진적인 변화를 계시하신 분이 바로 하나님 자신이라고 알렸다. 자신들의 신을 저버리면서 전통을 포기하고, 관습 바꾸기를 꺼려한 마카 사람들은 저항하였다. 그들은 새 가르침의 권위를 거부하고 꾸란 출처와 저자는 하나님이 아니라 무함마드나 몇몇 선생들이 어떤 선지자로부터 빌려 온 말이라 단언했다. 그들이 여기기에는 하나님 말씀, 혹 계시란 것이 신성하지 않을 뿐더러 인간적이며, 또 너무나도 인간적이기에 명령권이 없었다. 그것이 신성하다는 어떤 증거가 무함마드에게 있는가? 그가 모세나 예수처럼 기적을 만들어 낼 수 있었다는 건가?[17] 꾸란은 저들에게 다음과 같이 답해 주었다.

"그(무함마드)는 계시의 과정에서 신성으로부터 받기만

---

17 꾸란 17장 90-93절.

하는 수동적 입장이기에 초인적인 힘을 명령할 수 없으며 기적을 행할 수 없노라."[18]

꾸란이 하나님의 말씀이라는 증거는 꾸란 그 자체에 있다. 인간으로서는 그 누구도 흉내 내거나 견줄 수 없는 탁월한 아름다움이나 그 구성과 살아 움직이는 호소력은 자체의 증거가 된다. 그래서 선지자가 꾸란이 신성한 것은 아름답기 때문이라는 계시 자체의 배경을 주장한 것인지도 모른다. 종교로 초대하는 임무뿐 아니라 무함마드 자신의 지지 기반인 꾸란이 정말 하나님에게서 왔다는 진실성은 꾸란 원문의 아름다움이라는 한 가닥 끈에 매달려 있다. 무함마드는 꾸란이 너무나도 아름답기에 모방할 수 없으니 이것이 바로 기적인 바, 꾸란이 이를 뒷받침하며 따라서 이는 인간이 만든 것이 아니라 하나님 작품이다. 이런 특성으로 꾸란을 이자즈*ijaz* 즉, 기적이라 부른다

이스탄불 술라이마니야 종합 도서관에 전시된 쿠란의 가죽 표지. 히즈라 1025년/서기 1616년 제작.[터키 문화관광성 제공]

18 꾸란 41장 6절.

꾸란과 순나

고 주장했다.

마카에 있는 선지자의 반대자들은 모방 불가능성에 대한 주장을 부인하고, 꾸란을 모방할 수 있을 뿐 아니라 심지어는 더 뛰어나게 만들어 낼 수도 있는 인간의 산물이라고 우겼다. 이에 꾸란은 반대자들로 하여금 이와 유사한 책이라도 만들어 보라며 도전을 촉발[19]하여 꾸란과 비슷하게 10개의 장(章)을 만들어 보라고 했다.[20] 아랍인들 스스로 시와 웅변 문학의 첨단에 있고 그중에서도 마카인들이 가장 정점에 있었음에도 어느 한 사람 도전에 나설 수 없었다. 이에 꾸란은 30단어로 이루어진 꾸란의 가장 짧은 장보다 더 짧은 장이라도 만들어 보라며 도전 강도를 줄여 주고, 얼마든지 지금까지 그들 자신이 섬겨 왔던 신들의 조력을 받아도 된다고 허락했다.[21] 마카인들 입장에서는 그들이 무함마드에게 적대하여 흘린 피와 상처, 부족 분열과 증오, 경제 제재와 아라비아 지도력에 대한 위협 속에서 벌인 끔찍한 투쟁은 만약 그들이 꾸란보다 문학적으로 더 아름답거나 웅변적인, 심지어 비슷한 몇 구절이라도 만들어 낼 수 있었더라면 그들 지위를 되찾고 승리로서 막을 내리고 끝

19 꾸란 52장 34절.
20 꾸란 11장 13절.
21 꾸란 17장 88절.

낼 수 있을 것이었다.

마카의 시인들과 지식인들이 그 시합 결과에 대해 겁 먹었을지 몰라도 지도부는 그렇지 않았다. 아랍 전역에서 모든 시인들과 문학가들이 지원을 위해 시합에 초대되었으며 자신들의 작품에 따른 가장 큰 상을 약속받았다. 그들 중 한 사람이었던 알 왈리드 이븐 알 무기라*al Walid ibn al Mughirah*는 선지자가 낭송하는 꾸란을 들었을 때 매우 감동되었다. 마카 지도자의 한 명이었던 아부 자흘*Abu Jahl*은 저항심을 북돋기 위해 그에게 큰 재물을 약속하며 매수를 시도했다. 알 왈리드는 꾸란을 다시 듣더니 주저 없이 이야기했다.

"누가 뭐라 해도 내가 시와 문학에 있어 아라비아에서 최고의 감정가이며 의심할 바 없는 권위자로서 얘기한다. 이 꾸란은 인간이나 진*jinn, 정령*의 작품이 아니다. 여기에는 매우 특별한 아름다움, 아주 특이한 호소력이 있다. 알려진 모든 것을 능가하는 빛과 아름다움으로 가득하다".

아부 자흘은 더 강하게 요구했다. 압력이 심해지자 마침내 알 왈리드는 꾸란이 비록 비범하더라도 신이 아닌 인간이 마법으로 만든 작품이기에 선지자의 주장 그대로 그 누구도 흉내 낼 수 없다고 단정지었다.[22] 다른 시인들과 도전자들 역시 자신들의 작품을 발표했지만 그들 스스로 포기하거나 또는 후원자들로부터 실패를 선고받았다. 꾸란은 그 언어 자체로서 매혹적이고 충격적이며 진정시키고 감동시키는 엄청난 힘을 행사했다. 자신들 처지나 사회 위치에 관계없이 그것을 듣고 이해한 사람들은 그것을 드러내는 신의 존재에 엎드려 절했다.

아랍어의 동결과 그 범주

하나님의 말씀 그대로, 꾸란은 무슬림들에게 가장 큰 숭배 대상이었다. 꾸란은 신의 존재 자체를 의미하는 가장 큰 명예를 안게 되었다. 모든 무슬림들의 첫 번째이자 영원한 의무는 꾸란을 수용하는 것으로, 꾸란 구절을 외우고 낭송하며, 문장을 분석하여 의미를 파악하는 것이야말로 무슬림들에 가장 가치 있는 일들이었다. 비아랍어권에서 이슬람을 선택한 사람들은 최선을 다해 아랍어를 배우는 데 진심으로 자기 자신을 바친다. 그들 중 많은 이들이 본래

22 Muhammad ibn Ishaq(151/769) and Muhammad ibn Hisham(218/834), *Sirat al Nabiyy Salla Allahu Alayhi wa Sallam*, edited by M. M. Abd al Hamid(Cairo: Muhammad Ali Subayh, 1383/1963), Vol. I, pp. 174–175. 그 사건은 꾸란 74장 11~31절의 계시로서 확인되었다.

아랍인들보다 더 정통해 있다. 아랍어 문학 정점에 선 비아랍권 시인, 산문 작가, 평론가, 문인들은 이루 헤아릴 수 없을 정도이다. 또한 더 많은 사람들이 아랍어 문법, 구문, 사전 편찬, 문학 비평 등의 확립에 중요하고도 특별한 의미가 있는 방법

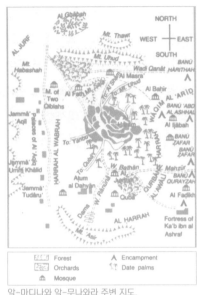

알-마디나와 알-무나와라 주변 지도.

으로 공헌한 사람들이었다. 그들이 없었더라면 아랍 유산은 지금처럼 풍요로워지지 않았을 것이다. 한편으로, 아랍 무슬림은 이슬람의 도래와 함께 하나님의 종교가 자기 자신의 모국어로 전파됨으로써 축복과 영광이 주어지는 것을 알았다. 무함마드 교우들에게 소속되어 그들 언어로 얘기하고 꾸란 언어로서 생각하는 것은 그들이 가장 열망하는 영광이었다. 아랍어에 더 가깝고 꾸란에 더 가깝다는 것은 모든 무슬림에게 하나님과 너 가깝다는 것을 의미한

꾸란과 순나

이스탄불 술라이마니아 종합 도서관에 전시된 쿠란의 가죽 표지.[터키 문화관광성 제공]

다. 이런 연유로 무슬림은 아랍어를 보존하기 위해 관용구와 숙어에 친숙해지고 비유적 연설이나 웅변력, 더 나아가서는 꾸란의 아름다운 진가를 증진하기 위해 일상 담론어로 삼았다.

꾸란을 바로 하나님 말씀으로 가정한다는 사실은 중요하면서도 특별한 또 다른 결과를 만들어 낸다. 꾸란 말씀은 신성하기에 영원하며 변할 수 없다. 무슬림들은 꾸란을 변화시켜 사용하는 것을 용납하지 않을 것이다. 변화의 누적 효과는 오해를 낳고 무슬림들이 꾸란으로부터 멀어지게 되는 현상이 발생할 만한 여지가 있기 때문이다. 꾸란 말씀이 영원하려면 그 뜻에 있어 항구적 가치를 지니고 있어야 한다. 그렇지 않다면 시공의 변화 속에서 의미 변화에 따라 더 이상 쓸모 없어지며 인류 구시대의 관습이 될 것이다. 영원한 무엇을 전달하기보다 한때 있었으나 더 이상 존재하지 않는 그 무엇을 가리키는 것에 불과하게 된다. 이에 대한 인간의 관심이 학문적이고 역사적이 되어 그 규범적 기준도 잃게 될 것이다.

이 문제는 알 마문^{al Ma'mun,} 치하_{히즈라 197~217년/서기 813~833}, 그가 이븐 아부 두아드^{Ibn Abu Du'ad}를 대법원장으로 임명하면서 불거진 격렬한 논쟁의 근원이었다. 이 법학자는 무으따질라^{Mu'tazila, 이성주의 학파} 사람으로 꾸란이 창조된 하나님의 말씀(꾸란이 곧 불변의 하나님 말씀)이라고 주장하는데, 그것은 반대로 이런 주장이 신성의 유일함을 손상시킬 것이라 우려했기 때문이었다. 이븐 아부 두아드는 자신의 지위를 이용하여 이 견해를 내세웠고, 무으따질라 학파의 주장에 대한 대항으로 민중 저항을 이끌었던 아흐마드 이븐 한발^{Ahmad Ibn Hanbal}의 반발_{히즈라 240년/서기 855년}을 샀다. 반대자들은 꾸란이 창조되었다고 선언한다는 것이란 바로 그것을 시공간과 역사의 모든 조건에 종속시키며 그 신성함을 박탈함으로써 결국 무슬림의 의식을

쿠웨이트의 현대적 모스크.

아라베스크 서체로 기록된 꾸란 13장
28절[라미야 알-파루끼 사진]

결정력과 규범성으로부터 벗어
나게끔 만든다는 것을 정확히
인식했다. 결말은 무으따질라
학파의 몰락과 그들 주장에 대
한 거부였다. 반대 세력은 꾸란
이 창조된 것이라는 주장은 곧
이를 시공간과 역사의 모든 조
건 아래 맡김으로써 그 거룩함
을 박탈할 뿐만 아니라 결정력
과 규범성으로부터 무슬림을
자유분방하게 만들 것이라고 직시했다. 꾸란의 승리가 밝
혀지고 일반 대중들은 꾸란 아랍어 구성 의미와 내용뿐 아
니라 형태까지도 창조되지 않은 것으로 받아들였다. 꾸란
을 번역하는 데 있어 모든 견해는 모든 무슬림들로 하여금
아랍어를 배우는 일을 무엇보다 중요한 종교적 의무로 여
기게 했다. 꾸란의 단어와 문장을 다루는 일은 바로 신성
과의 접촉이라고 믿었다.

　꾸란이 하나님 말씀이라는 확신의 세 번째 암시는 꾸란
이 아랍어의 모든 기준을 객관화한 데 있다. 문법과 구문,
단어의 활용, 문학적 구성과 아름다움의 법칙, 요컨대 전에

존재하지 않던 언어의 모든 구성 요소가 구체화되어 있다. 아랍어 연구자가 그의 문법을 끌어오고 언어학자가 형태론을 가져오며 시인이 그의 이야기를 가져오는 곳 이 모두가 바로 꾸란이다. 아랍어에 관한 한 모든 것의 표준이자 규범이었다. 이슬람 이전 몇몇 시^時, 속담과 우화, 역사 기행이나 유명한 웅변 내용들이 아직까지도 남아 있다. 이들이 꾸란에서 벗어날 때는 꾸란 방식이 규칙의 상위에 자리하며 아랍어와 꾸란 사이에는 총체적 일치가 생겨난다. 그리하여 아랍어는 꾸란 언어의 숭고한 예로 시간의 흐름을 넘어 꾸란 언어 자체로 영원하고 바뀌지 않는 언어가 되었다. 실제로 무슬림들의 마음은 아랍어에서 꾸란이 분리되는 것을 결코 용납하지 않는다. 아랍어는 꾸란의 언어라는 것을 넘어서는 어떤 의미도 갖지 않는다. 어느 한쪽 없이는 존재가 불가능했기에 이 둘은 동등한 관계로 상호 전환이 가능했다. 이 둘은 살아 있어서 늘 공존하며 서로를 보강하였다. 하나를 배운다는 건 다른 하나 안에서 살며 생각한다는 뜻이며, 하나를 소유하고 이해한다는 건 또 다른 하나를 소유하고 이해하는 것이었다. 둘 다 살아 있을 뿐 아니라 상호 의존적으로 남아 있었다. 아랍어는 바뀔 수 없었고 역사 속에서 변함없이 이어져 왔다. 단어와 어휘, 구조와 질서, 방식과 기준 모두 동결되어 변화에 영향받지 않았다. 꾸란이 계시된 지 14세기가 지난 오늘날, 아랍어에 대한 일반적 지식이라도 있는 사람이라면 꾸란이 처음 계시되었던 당시 사람들처럼 분명하고 확실하게 이해할 수 있을 것이다. 아랍어를 쓰는 무슬림과 꾸란 사이에는 언어 변화나 내재된 사상 범주의 이동으로 야기되는 이념 차이가 있을 수 없다. 아랍어를 아는 사람이라면 누구나가 선지자 교우들처럼 똑같이 꾸란을 이해할 만한 위치에 있다. 그들 사이에 유일한 차이점이라면 어휘력 정도에 있다. 만약 그들에게 아랍어 문법과 구문어가 보장된다면 사전이 주어졌을 때 동등한 이해력이 보장되어야 한다. 그런 까닭으로 꾸란을 이해하는 데 있어 본문 해석에 그리스도교 성경이 겪은 영향과 같은 문제가 있을 수 없다는 점을 확신한다. 꾸란으로 아는 해석은 오직 사전적이기에 질문을 할 수 있는 내용이란 단지 계시 당시에 주어진 단어의 뜻에 대한 것으로 14세기에 걸쳐 존재해 왔다고 여겨진다.

'무엇'이 '어떻게' 계시되었나?

이슬람적 계시는 스스로를 '알-딘 *al Din*' 즉, '마지막 종교'라고 정의한 메시지로 표현한다. 하나님께서는 당신을 증언하심에 '따우히드 *tawhid*' 즉, '유일하심'을 그 정수와 신념으로 제시한다.[23] 인류에 관한 한, 이슬람은 스스로를 '딘 알-피뜨라 *din al-fitra*' 즉, 하나님께서 인간의 모든 삶과 활동 분야에 당신의 규범과 패턴을 분별할 수 있게 인지 능력을 심어 주신 '천성' 또는 '자연 종교'[24]로 간주한다. 앞의 설명은 이슬람이 새로운 종교가 아니라 오래된 종교였음을 암시하는데, 실제 하나님은 당

[23] 꾸란 3장 18절.
[24] 꾸란 3장 19절, 30장 30절.

신의 영원하심에 있어 당신에 대해 동일한 표현을 갖지 않을 수 없었기 때문이다. 이는 또 이슬람과 같은 종교가 그 이전에도 틀림없이 가장 오래전에 계시되었을 것이라는 점을 암시한다. 사실 이슬람은 모든 선지자들의 종교로 "하나님께서 사물 이름을 가르쳐 주신"이라고 아담에게

거울에 새겨진 꾸란 17장 84절. [라미야 알-파루끼 사진]

전하는 바로 그 종교이다.[25] 이전 계시와 관련하여 이슬람의 계시는 종교와 윤리 규범, 추상적 견지에서 수치화, 원칙과 패턴에 대한 언급에서 모두 구별되었다. 앞서 보았듯이, 율법 계시와 규범 관행에서 신성 의지 등은 이전 계시인 '셈'어*Semitic* 유산과 달리 이슬람적 계시는 원칙에 집중했고, 인간에게 계시를 해석하는 안내자로서의 임무를 이관함으로써 일상의 행동과 삶의 지침과 수칙이 되게 했다. 이러한 지침들은 '샤리아*sharia, 이슬람 법*'와 '민하즈*minhaj, 프로그램*'로 지정되었다. 더 나아가 '계시'는 법이 시간과 장소 변화에 민감하고, 받아들이는 이들의 당시 상태에 따라 분명히

25 꾸란 2장 31절.

자수로 새긴 정문 가리개, 마카의 카아바.

조정된다는 사실을 인정했다. 다양한 사회적 요구 속에서는 준수할 수 있는 율법의 본질을 결정해야만 한다. 반면 율법의 원칙과 그 목표는 변화 위에 서 있지만 창조주의 궁극적 목적을 상징하므로 천지 창조의 역사 속에서 변함없어야만 한다. 이처럼 이슬람적 계시의 자기 관점을 통해 하나님께서 보내시는 메시지가 역사 속에서 반복되고 있음을 설명할 수 있다. 과거에 계시되었던 처방들은 부패하거나 쓸모없게 되었다. 이러한 규정들은 변화하는 사회적 요구에 대응할 만한 새로운 계시들로 대체되어야만 했다. 그렇기에 모든 사회가 주어진 특정 상황에 대한 구체적 처방을 다루는 하나 이상의 계시를 점진적으로 받았겠지만 최초 원칙의 궁극적 목표에 관한 한 동일하다. 계시란 구법舊法 파기[naskh, 나스크]와 새로운 것의 공표[tashri, 따슈리] 과정이었다. 선지자 또한 이의 연속이었다.

특정 사회의 이익을 위해 언어로 묘사된 메시지가 오해

와 오역에 빠질 때마다 동일한 진술을 반복해야 하는 요구는 신성한 목적이나 최초의 원칙에 영향을 미쳤다. 이는 언어의 변화나 사람들의 대규모 이주 또는 양쪽 모두의 원인일 수 있으며, 실제로 도달하기 어려운 메시지의 진정한 의미 때문일 수도 있다. 변화를 겪음으로써 과거의 신적 메시지가 '무엇'인지 그리고 '어떻게' 할지, 둘 모두 하나님이 인간과 소통하는 방법으로서 예언의 반복을 필요로 했다.

이슬람적 계시는 '어떻게'로부터 '무엇'을 분리했다. 후자는 인간의 특권이 되었다. 그들은 다양한 사회 상황이 지시하는 대로 법을 발전시킴으로써 모든 시대와 장소에서 법의 관련성을 유지할 것으로 기대되는 신탁 관리자였다. 그렇지만 이러한 인간 노력들이 서로 완전히 다른 종교들 간에 문제가 되지 않는다면 누구나 모두 입법의 궁극적 기초라 할 수 있는 종교적, 윤리적 원칙에 대한 변하지 않는 핵심 진술이 있어야만 한다. 이와 같은 진술이 바로 정확하게 꾸란이 주장했던 바로 그것이었다. 이것이야말로 창조와 인간 생명의 첫 번째 원리를 담고 있는 유일하고도 궁극적인 권위다. 변화 대상이 되는 샤리아$^{Shariah, 이슬람 법}$와는 달리 꾸란은 (필연적으로 그렇듯이)연속성과 정체성을 제공하기 위한 것이다. 그런 까닭에 꾸란 본문은 물론 이해를 위한 인식의 도구(모든 원리와 구조를 지닌 아랍어, 그 안에 내재된 사고의 범주, 단어, 그 형태와 의미) 역시 수세기 내내 동결되어 그대로 유지되어야만 했다. 꾸란이 스스로를 하나님 말씀 그대로의 단어로 보는 시각과, 그것으로부터 벗어날 수 없는 신성한 단어에 아랍어를 부가하는 것은 이 전체적인 신성 체계와 잘 부합한다.

많은 사상가들은 어떻게 신성한 계획의 모든 부분들이 서로 잘 부합되는지에 놀랄 뿐이었다. 어떤 사람들은 아랍어가 완벽하고 정확한 수준으로 성장하고, 아랍인들이 단어의 매력에 중독되며, 시의 미학과 문학적 웅변에 대한 그들 천재성의 충족이 전개되는 구속사救贖史, *Heilsgeschichte*(성서에 증언된 하나님 모든 행위의 역사) 단계라고 추측했다. 아라비아를 상황적 맥락과 목적에 맞는 계시의 최종 선택지로 결정한 신의 의중은 꾸란에서 묻고 대답한다. 그 믿음의 대답은 다음과 같다.

"하나님께서 그 분의 메시지를 어디에 두어야 할지 가장 잘 아신다."

그러나 이는 또 인간이 신성 임무에 대한 본질을 더욱 더 파헤치려 함으로써 서시트는 실수를 인급한 잎의 사실을

인정하고, 하나님께서 물질과 상황적 원인을 통해 운영하신다는 믿음의 한 항목이다

관념적 구조

꾸란이 비록 숭고한 아랍어 형식으로 표현된 이슬람의 본질을 관념적으로 표현한 것은 사실이지만 본문 속 모든 단어가 본질에 동일한 정도로 관련되지는 않으며, 이전과 마찬가지로 동일한 우선순위에 속한다. 구성적인 이념적 요소 사이에서 나타나는 중요함의 차이는 부분적으로 그 포괄성에서 기인한다.

"이 책 안에서는 어느 것 하나 빠뜨리지 않았다." 꾸란 6장 38절

책 안에 모든 것을 포함하려면 모두가 본질적으로 같은 지위에 소속되지 않기 때문에 서로 다르게 지시해야만 한다. 두 번째로, 꾸란은 일상생활을 위한 규범적 입법뿐 아니라 종교와 윤리 원칙도 담고 있다. 이 처방들 중 일부는 전체적인 신의 계획에 대한 중요성으로 꾸란에 자리하고 있다. 그 내용들은 결혼과 이혼, 종속과 상속에 대한 꾸란의 율법들이다. 이슬람은 가족 제도를 인간 삶의 최고의 가치로 다룬다. 인간 삶은 가족 제도 없이 불가능하므로 이러

꾸란 55장 26~28절까지 새긴 싸디까인 문양
[라미야 알-파루끼 사진]

한 규정은 가족의 구성과 해체, 적절한 발전과 기능, 성장과 행복 모두를 관장하고 있으며, 이 모든 것들의 가치는 동일한 것이다. 꾸란의 또 다른 율법은 꾸란에서 부여한 원칙을 바탕으로 인간이 법을 제정할 수 있게 예시를 제공하였다. 이는 사회 조직과 관련된 법들이다. 사회와 사회 질서, 인간관계가 모두에게 공정하고 평등하게 질서를 부여해야 한다는 것이 본질이다. 하지만 사회 질서가 취할 수 있는 형태와 실제로 취할 수 있는 형태는 다양하다. 이와 관련한 꾸란 선언은 절대적이고 보편적인 따우히드*tawhid*(하나님의 유일성), 정의, 인간의 자유와 책임과 같은 절대적인 첫 번째 원칙과 대조적으로 상황에 따라 적용되는 조건부 규범적이다.

꾸란은 그 주제를 체계적으로 다루지 않는다는 사실을 명심해야 한다. 아래에서 다시 탐구할 주제지만, 미학적이며 숭고한 자구字句로 가득 찬 꾸란 원리와 가르침은 "구슬이 서 말이라도 꿰어야 보배"라는 의미의 책과 같다. 꾸란

각 장의 순서와 각 장 속의 구절들은 꾸란이 항목에 따른 구조를 가진다는 것을 의미하지는 않는다. 꾸란의 배열 순서는 천사의 설명을 들은 선지자에 의해 정해진 것으로 숭고한 아랍어 문학의 절정과 셈어 문학 최고의 유산을 실현해 준다. 꾸란이 어느 특정 시점에서 결론을 향해 스스로 작용하지 않는다는 것은 발달적이거나 유기적이지 않다는 것을 의미한다. 오히려 운문[시]의 조각들이 연속적 형태로 구성되어 있으며, 각각의 조각들은 다른 주제를 다루지만, 한두 개의 운문일지라도 완벽한 통일적 구조를 지니고 있다. 전체적으로 꾸란은 시작과 끝이 없는 책이다. 어느 구절에서나 낭송을 시작할 수 있으며 아무 구절에서나 멈춰도 된다. 무한하며 오히려 읽는 이로 하여금 신의 충만함을 엿볼 수 있는 창문과 같고, 무한 공간의 가치와 신성한 의지로 구성된 원칙을 볼 수 있다.[26] 우리가 이슬람 정수에 대한 분석에서 시도한 것 같은 '체계화'는 잘못된 노력의 결과이다.

꾸란 사상 체계의 바로 그 중심에는 절대적이시고, 유일하시며, 초월하시고, 창조주이며, 모든 것의 원인이자 심판하시는 하나님이 계신다. 그분의 존재, 그분의 덕성, 그분

---

26 삶과 사상의 여러 면에 영향을 주는 꾸란 명령의 암시는 I. R. al Faruqi, *Tawuid: Essays on Life and Thought*(Kuala Lumpur: A.B.I.M., 1982)에 자세히 설명되어 있음.

의 뜻과 창조, 인류를 위한 그분의 목적, 그분의 목적과 의지를 마지막 선지자인 무함마드를 포함한 모든 선지자들에게 전달하시는 믿음의 내용은 바로 '이슬람 신조'이다. 신성한 존재와 창조에 관한 연관성에 대해 꾸란 사상 체계 중심을 둘러싸고 있는 것은 신에 대한 인간 대응을 다루는 방법론적 원칙들이다. 요약하자면, 이러한 원칙들은 다음과 같이 구성된 세계관을 확립한다.

1. 합리주의나 종교 지식을 포함한 모든 지식의 주관이 이성과 상식의 뜻을 따르고, 신화와 역설과 궁극적으로 모순되는 입장을 거부하며, 증언이나 증거에 동의하고 추가 증거에 대한 개방성과 새로운 증기 요구에 따라 지식과 태도를 바꿀 만한 준비가 되어 있다.

2. 인류애 혹은 신조
첫째, 모든 인간은 결백하게 태어났으므로 원죄나 죄책감이 없다.
둘째, 어떤 상황과 사회 질서에서도 개인은 자기 운명을 결정 짓고 스스로의 양심에 따라 최상의 삶을 선택할 자유가 있으며, 이를 제약해서는 안 된다.
셋째, 정당한 차별이란 있을 수 없는 것이므로 인종, 피부 색, 언어, 문화 유산, 종교, 사회적 신분 모두는 하나님과 법 앞에 평등하다.
넷째, 인간에게 분별력과 행동 능력이 없다면 인간성과 도덕 가치와

책과 골판지를 든 중국의 무슬림 학생들.

인식이 불가능하므로 그들 모두에게는 선천적으로 진실과 거짓, 선과 악, 바람직함과 그 반대를 판단할 수 있는 능력이 있다.

다섯째, 그들 모두에게는 각자 행동에 대한 책임이 있어 현세이건 내세에서건 창조주께 그 책임을 지게 될 것이다.

3. 세상과 삶의 긍정, 또는 하나님께서 삶을 창조하시고 이를 거부하거나 파괴하지 않게 하시며 즐겁게 이 세상을 살게 하셨다는 교리로, 만물은 인간에게 복종하며 인간들의 바람과 설계에 따라 변하는 부차적인 것으로, 세상과 삶 모두는 경건함^{따끄와, taqwa}과 의로움^{이흐산, ihsan}, 그리고 아름다움 속에 문화와 문명이 발전하고 꽃피우게 하여 지식 안에서 인간의 자아실현 주제를 키우도록 한다.

4. 사회주의, 또는 인간의 우주적 가치는 인간 사회에 대한 그 구성원과 기여에 있다는 교리로서, 따라서 개개인 그 자체로서 중요하기는

하지만 인류애라는 사회적 구성보다는 아래 있어야 한다. 방법론적 원칙보다는 꾸란이 전하고 있는 견고한 방식과 서술된 예시들이 원리의 핵심이 된다. 이러한 원칙은 이슬람적 개인과 사회 집단의 가치 체계를 구성하며, 도덕 규범에 따라 개인과 집단의 행동이 결정된다. 꾸란 본문은 주로 도덕적 가치나 규범에 대한 현상학이다.

마지막으로, 꾸란의 핵심은 이슬람 사회 제도를 포함하고 있다. 이슬람 사회 제도는 종교적, 윤리적, 정치적, 경제적, 문화적, 교육적, 법적, 군사적인 것과 같은 인간 활동의 모든 영역을 포괄한다.

The Sunnah

2부
순나

원문적 근거

이슬람 계시로 사람들은 부담을 안게 되었다. 더군다나 계시된 자료를 법령이나 행동 수칙으로 옮긴다는 것은 너무나도 고된 작업이었다. 적어도 셈족 *Semitic religious* 종교 의식의 흐름 속에서 법이 세속화한 것은 처음이었으며, 종교 자체로서도 직접적 계시는 그 신성함을 박탈당한 것이다. 이후로 법은 인간이 행사하면서 저지르는 잘못이 인간 책임이라 선포하였다. 법을 올바르게 행사하면 인간의 가장 큰 업적일 것이나 법을 그릇되게 행사하는 경우 최악의 몰락을 가져올 것이다. 어찌되었건 법률 제정이란 인간의 다른 활동과 마찬가지로 옳고 그름을 가늠하는 인간 활동이다. 잘못이 생길 때 오류 근간을 찾아내고 법을 수정하여 제공된 신성 원칙에 따라 옮기는 것 또한 인간의 책임이다. 사람들이 의무를 이행하고자 할 때 하나님께서 그들을 도우려고 일반 원칙의 주해로서 본보기와 설명을 선택하시는 것은 분명 자애로운 일이며 이것이 바로 순나*sunnah, 선지자 언행*의 역할이다.

기술적으로 말하자면 순나란 선지자의 말과 행동 기록을 모은 것이다. 선과 악, 그리고 바람직하거나 그렇지 않은 문제에 대한 의견과 무슬림이 따라야 할 관행에 대한 선지자의 승인을 내포한다. 순나는 선지자와 당시 교우들이 직접 보거나 들은 내용들을 증언하거나 보고한 선지자의 태도와 언행을 인용한다. 선지자에 대한 보고를 전달하는 모든 구성 단위를 하디스*hadith*라고 부른다. 순나는 꾸란 다음으로 두 번째 위치를 자리한다. 그 기능은 꾸란 공표를 명확하게 밝히며 그 목적을 예시하고 실증하는 것이다. 꾸란 표현이 일반적일 때 순나는 이를 구체화하여 적용될 수 있도록 하고, 특정 부분에서 순나가 이를 일반화함으로써 다른 세부 사항들에 대한 추론을 가능하게 한다. 순나는 선지자 교우들이 당시 선지자의 말을 기록할 만한 시간을 찾을 수 있었기에 맨처음부터 그들에 의해 기억되었다. 그러나 선지자는 새로운 무슬림들이 하나님의 말씀 꾸란을 무함마드의 언행과 혼동할까 우려하여 자신이 하는 말들을 써 두지 못하도록 금지했다. 나중에 꾸란을 암기하는 사람이 많아져 두 가지가 서로 혼동될 만한 우려가 사라졌을 때 선지자는 교우들에게 순나를 기록하도록 허락했다. 순나의 일부를 기록한 교우 중에는 사아드 이븐 우바다 알-안사리 *Sad ibn Ubadah al Ansari*, 히즈라 15년/서기 637년, 압둘라 이븐 아부 아우파, 사므라 이븐 준둡*Abdullah ibn Abu Awfa, Samrah ibn Jundub*, 히즈라 60년/서기 680년, 자비르 이븐 압둘라*Jabir ibn Abdullah*, 히즈라 78년/서기 698년, 아부 후라이라*Abu Hurayrah*, 히즈라 58년/서기 678년가 수집한 것을 물려받은 와흐브 이븐 무납비*Wahb ibn Munabbih*, 히즈라 114년/서기 732년 등이 있으며, 압둘라 이븐 아무르*Abdullah ibn Amr*는 1,000편이 넘는 하디스를 기록하여 이븐 한발*Ibn Hanbal*의 무스나드*Musnad*에 보전되었고, 압둘라 이븐 압바스*Abdullah ibn Abbas*, 히즈라 69/서기 589년는 낙타 하량(약 400kg)에 달하는 선지자 하디스로 가득한 기록물들을 우리에게 남겼다. 그 밖에는 첫 번째 이슬람 국가 최초로 기록된 헌법 '마디나*Madinah* 조약'이 있다. 선지자가 받아쓰게 한 그 원칙들은 이슬람 역사 전반에 걸쳐 여전히 운용된다. 그럼에도 대부분의 순나는 후대에 이르러서야 기록되었다. 1세대 무슬림들은 선지자가 말을 할 때면 잘 기억해 두었다가 자신에게 규정된 내용들과 무함마드의 관행을 서술하는 대로 따르고 관찰하며 서로에게 가르쳤다.

순나의 가치와 이슬람과의 연관성은 모든 무슬림들에게

보편적으로 인정되었다. 무슬림들이 예배 의식과 법률과 윤리와 사회적 경제적 정치적으로 또 국제 문제에 있어 신앙의 요구 조건을 충족시키게 하는 데 순나가 필요하다는 것을 모든 사람들이 느꼈다. 따라서 순나는 처음부터 이슬람 근간에서 두 번째 권위로 그 내용들은 무슬림들의 법적 구속력을 갖는다. 꾸란에서는 선지자의 지시에 복종하도록 명령하고 그 복종을 하나님께 대한 복종과 동일시했다.[1] 무슬림들에게 분쟁이 생길 때는 선지자에게 해결을 위임하고 판결을 따르도록 명령했다.[2] 선지자 교우들은 그 명령에 복종했으며 선지자가 요구한 것은 무엇이건 자발적으로 이행했다. 선지자의 순니가 규범적이고, 그 가르침이 모든 무슬림에게 법적 구속력이 있다는 것은 그들에겐 만장일치의 의견이었다. 실제 무슬림들에게는 구체적인 예배 의식과 그들의 신앙 제도와 꾸란에 언급되지 않은 문제에 대한 법 제정을 위해서는 순나 이외에 다른 원천이 없었다. 당연히 꾸란과 순나 사이에는 모순이 발생하지 않는다. 후자의 모든 조항은 명시적으로 본문의 직접적 구절에 의해, 또는 암묵적으로 순나가 명령하는 조항을 필요로 하는 꾸란 원리나 요구에 의해 확인되거나 암시되어야 한다.

1 꾸란 3장 32, 132절; 4장 58, 79절.
2 꾸란 4장 58절; 33장 36절; 8장 1절.

그러나 선지자의 모든 언행과 승인하거나 동의하지 않은 모든 것들이 일률적 규범은 아니기에 무슬림들이 조건 없이 따라야 할 의무적인 사항은 아니다. 선지자는 초인적이라거나 신적 존재가 아닌 너무나도 인간적인 존재였다. 꾸란은 이런 사실을 계속 되풀이했고 선지자 자신 역시 이런 기본적 사실을 재확인하는 데 조금도 지칠 줄 몰랐다. 꾸란 명령의 집행자로서, 이슬람 윤리의 본보기로서, 인간으로서 그는 꾸란 명령의 집행자로서, 이슬람 윤리의 본보기로서, 이슬람 생활양식의 구현으로서 자신의 역할 이외에도 많은 일을 수행하고, 말하며, 승인하고, 거부하였다. 이런 점에서 무슬림들은 (선지자를)그의 지위와 사명으로서 발현되는 문제와 그의 인간성으로 발현되는 문제를 구분한다. 전자는 주저 없이 규범으로 받아들여진다. 반대할 만한 근거를 찾지 못한 후자의 경우는 양치기, 상인, 농부, 남편, 장군, 정치인, 구급대원, 엔지니어 등 각자의 자격에 따라 독특한 취급을 받는다. 무슬림들은 규범적인 것을 전자로, 그렇지 않은 경우 후자를 고려하는데, 그렇게 함으로써 그들은 선지자가 교우들의 반대 의견이나 행위를 여러 차례 인정하고 수용했던 바와 같은 지지를 얻는다. 이슬람법과 윤리의 기술적 용어나 출처로서의 순나는 선지자가 신적 메시지를 중심으로 따르고 복종한다는 점을 인정한 항목만 포함한다.

앞서 언급한 규범성의 차이는 순나를 크게 두 갈래로 나눈다. 법과 의무사항과 같은 항목을 포함하는 '순나 후꾸미야[sunnah hukmiyyah]'가 그 하나이며, 그렇지 않은 다른 것들을 포함하는 '순나 가이르 후꾸미야[sunnah ghayr hukmiyyah]'가 다른 하나이다. 전자에서는 두 가지 기준에 따라 다양한 수준의 규범성이 확인되는데, 그 첫 번째는 신성한 메시지를 해명하거나 예증할 목적으로서 선지자가 발표한 항목 출처에 대한 확실성[Wurud, 우루드]이나 우리의 지식 수준 정도이고, 두 번째는 명령된 것의 구체적 함의[da lalah, 다 랄라], 정확한 정체성, 의미 또는 형태에 대한 확실성 정도이다. 이런 구분은 순나 후꾸미야를 절대적 확실성[qatiyyah, 까띠이야]과 개연성[zanniyyah, 잔니이야]을 분리시켰으며, 이런 분리는 출처와 함의 모두에 적용되었다. 확실히 법적 의무는 두 가지 측면에서 확실성의 기준을 충족하는 항목에서만 부여된다.

선지자 생애에서 순나는 보통 대중들에게 목격된 것이었다. 선지자로부터 나온 내용들을 사람들이 듣고 보며 이해했다. 현장에 있지 못하거나 확신이 들지 않을 때 대중들은 선지자를 찾아 직접 대면하여 궁금증이 풀릴 때까지 묻는 방식을 취했다. 선지자가 세상을 떠난 후에도 교우들 사이에서는 이와 같은 방식으로 진행되었다. 어떠한 일에 참여했거나 목격한 사람들이 모두가 동의한다면, 그들의 의견 일치는 확실성과 동일한 것이었다. 선지자 교우들에게 있어서 그 일이 실제적이고 의미가 절대적으

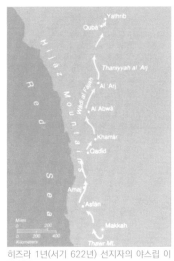

히즈라 1년(서기 622년) 선지자의 야스립 이주 경로.

로 명확했기 때문에 모든 충실함과 성실함에 있어 개인적 차이와 구분이 있었음에도 똑같은 기록을 내놓을 수 있었다. 위에 언급한 서술과 일치하는 순나를 '순나 무따와띠라 *sunnah mutawatirah*'라고 불렀다. '순나 마슈부하*sunnah mashbuhah*'는 오류나 실수, 와전 등이 연루될 수 없는 합의 내용을 (전체가 아닌)일부 교우들이 보고한 내용들을 지시하는 반면, '순나 아하드*sunnah ahad*'는 훌륭한 기억력과 충실성, 도덕적 청렴성을 갖춘 사람으로 알려진 한 사람의 교우가 보고한 내용을 포함한다. 이 같은 분리는 행동적*filiyyah,* 피일리아, 언어적

'무함마드'를 5번 반복해 새긴 터키의 현대 캘리그래퍼 에르민 베린의 작품.[라미야 알-파루끼 사진]

qawliyyah, 까울리야 차이로 구분한다. 전자는 선지자가 한 번 또는 가끔씩, 경우에 따라서는 반복적으로 대중이 증인으로 된 행동을 언급한다. 이 그룹은 수 세기가 지났음에도 선지자와 관습을 분리하여 전 세계 선지자 추종자들 간 지리적, 민족적, 언어적, 문화적 불연속성에도 불구하고 믿기 어려울 정도의 정체성이 확립된, 무슬림 세계 전역에서 계속 시행되고 있는 이슬람의 의례와 제도이다. 후자는 다른 사람들이 필요에 따라 듣게 된 선지자의 말씀으로 구성됐으며, 종교 의례와 제도처럼 매일, 매주 또는 매년 반복되지 않는 한 증언된 것에 비하면 확실성에서 다소 낮았다. 이렇게 하여 순나는 듣고 목격하며 기억하고 기록하여 후대에게 전해졌으며, 히즈라 3세기 이래 '시하*sihah, 단수형 sahih*'라 불리는 6개의 순나 진본 수집필들이 알려져 있다. 그들이 적용한 감별과 분류에 대한 엄격성 순위에 따른 시하 수십가에는 알-부카리*al Bukhari,*

꾸란과 순나

히즈라 256년/서기 870년, 무슬림 *Muslim*, 히즈라 251년/서기 865년, 아부 다우드 *Abu Daud*, 히즈라 275년/서기 888년, 이븐 마자흐 *Ibn Majah*, 히즈라 273년/서기 886년, 알-나사이 *al Nasai*, 히즈라 303년/서기 915년, 알-티르미디 *al Tirmidhi*, 히즈라 279년/서기 892년가 있다. 이들 중에서도 처음의 두 사람은 순나 수집에 있어 다른 이들보다 더욱 비판적이고 권위 있음을 모든 무슬림으로부터 인정받았다. 이들 두 텍스트에서 공통적으로 발견되는 항목들은 모두가 가장 권위적이다.

선지자가 세상을 떠난 후 무슬림들은 그들 자신이 대의명분을 지닌 사람이라는 것을 깨달았고 보편적일 정도의 급진적 사명을 부여받았다.꾸란 3장 19절, 85절 온 세상은 신성한 양식에 맞춰 개조되어야만 했다. 내부의 세계, 즉 자아, 그리고 본성이 없는 세계는 귀감이 되도록 변모되어야 했다. 무슬림 자신들은 이미 이슬람으로 전향하는 과정과 선지자 생애 교우 관계에서 선지자로 인해 급진적 변혁을 겪었었다. 이것이 바로 계시가 그들에게 부여한 '무슬림'이라는 이름의 정당성이었다.꾸란 22장 78절 선지자는 이상과 대의명분을 분명히 전하고자 했으니, 그들은 그 이상에 어울리는 훌륭한 생도였으며 그 안에서 자신들의 삶을 헌신하였다. 선지자의 이상은 완전하게 꾸란에 놓여 있었고, 적절한 이해도 준비되어 있었다. 마지막으로 계시된 꾸란 구절은 다음과 같다.

"그대들을 위한 종교를 완성하며 축복을 내렸으니, 그대 종교를 이슬람으로 정했도다."[3]

이는 사상과 원칙, 표상으로서 이슬람의 전 생애와 세계 관이 완전하고, 이론적 또는 가치론적 인지에 따른 최소한 의 필수 능력을 보유하는 적절한 지적 의지에 따라 전체를 받아들일 준비가 되어 있음을 의미했다. 꾸란에 대한 이해 와 선지자 대열에 요구되는 자기 파괴적, 자기 재구성적 자 기 동원력을 만들어 내는 힘은 모든 이들에게 쉽게 제공되 지 않는다. 추상적으로 제시된 이상에 의해 움직일 수 있는 사람들은 언제나 소수이며, 무함마드 자신의 표현을 빌리 자면, "이상이 역사 속에서 실현되거나 그 과정에서 그들이 소멸하거나" 하지 않는 한, 그때까지 그렇게 영향을 받고 그 렇게 쉴 새 없이 움직일 수 있는 사람은 훨씬 더 적다. 교육 자들이 늘 인식하듯, 인지적 호소는 그 가치들이 모든 힘으 로 심장에 호소력을 행사할 수 있는 구체적 비전을 의식 에 드러낼 수 있는 강력한 상상력을 전제로 할 때 가능하 다. 이러한 상상력이 없다면 인식은 이론으로만 남고, 관념

3 꾸란 5장 3절

18세기 아나톨리안 예배 카펫. 이스탄불 소재 터키 이슬람 미술관 소장. [라미야 알-파루끼 사진]

화라는 의미에서 모든 행위의 근원인 마음에 어떠한 영향도 끼치지 못한다. 그러나 상상력이 강해질수록 표현은 더욱 생생해질 것이고, 결과적으로 표현된 가치가 실재할수록 정서적 표출과 감동적 호소는 더욱 강해질 것이다. 선지자 동료들의 경우에 있어서도 대개의 인간과 다를 수 없었다. 종교적, 그리고 인류의 윤리적 역경에 대한 특별한 감수성이나 최고의 시성詩性을 지닌 사람들로서 특별히 발달된 상상력 또한 그들을 또 다른 지원 즉, 비이론적이고 비관념적 지원의 요구에서 벗어날 수 없었다. 그 지원이 바로 순나이다. 순나는 이슬람의 이상에 필요한 구체화를 제공했다.

순나는 비전의 구체화, 이상의 현실화를 통해 이론을 현실로 옮겨 놓았다. 그 안에서 이슬람적 가치는 형태를 부여받고 생동감을 얻어 역동적으로 되었다. 움직이는 힘으로 고동쳤으며, 무기력하던 상태에서 생기가 넘쳐났으니, 논리

꾸란과 순나

적 태도에서 벗어나 가치 지향적 방향으로 나아가게 되었다. 구체적 예시를 통해 이슬람의 가치는 자신들의 형태를 충족시킬 만한 물질을 현실화할 수 있게 명령했으며, 인간이 할 수 있는 유일한 길은 순응이었다. 순나는 무함마드의 매개체였으며 그의 생애 마지막 22년간 지속되

히즈라 6년(서기 628년) 선지자의 복음 사절단 파견 경로.

었다. 순나는 무함마드의 생애뿐 아니라 사후에도 생각과 실천, 관념과 행위, 사상과 삶 그리고 역사 사이에 잃어버린 연결고리를 제공했다. 그런 까닭으로 무함마드의 순나가 수많은 사람들의 스승이 된 것이다. 순나는 리더 위치에 있는 모든 사람들을 격려하거나 신념을 불어넣어 주고, 영감을 주어 움직이게 하는 풍성한 보물 창고와도 같았다. 또한 이슬람 행사를 치장하는 자료를 제공함으로써 모든 이슬람 집회를 장식하고 주도했다.

순나는 4개의 범주로 구분할 수 있는데, 각각 무슬림들

의 창의력 속에서 무함마드의 모습을 만들었다. 그 첫 번째는 선지자의 모습을 하나님의 경건한 종복이자 경배자로서 그린 의식적 자료이다. 두 번째는 선교사나 새로운 신앙으로의 초대자로서 무함마드 역할에 대한 글로, 세상 모든 사람들과 온갖 관계를 맺고 살아가지만 홀로 수행하는 선교 임무를 담은 부분이다. 세 번째는 인간으로, 남편으로, 아버지로, 친척으로, 이웃으로, 친구로서의 무함마드이다. 네 번째는 국가, 전쟁터, 시장, 교실, 성원의 지도자로서의 선지자에 대한 부분이다.

하나님께 경배 드리는 종복으로서 무함마드

주요 경배 의식인 예배[salat, 살라트]는 이스라아[Isra]와 미이라즈[Miraj](히즈라력 6년/서기 616년 무함마드가 야간에 예루살렘으로 날아가 승천한 일) 당시 하나님께서 무함마드에게 직접 부과하셨다. 예배는 단식, 믿음에 대한 선서[shahadah], 구빈세[zakat], 성지 순례[hajj] 등 다른 경배 의식들과 마찬가지로 계시에서 무수히 많은 명령을 받는다. 무함마드는 하나님 가르침을 따라 교우들에게 예배를 비롯하여 다른 의식들의 세밀한 부분까지도 기르쳤다. 선지자가 준수한 이런 경배 의식은 교우들에 의해 꼼꼼히 관찰, 보고, 시도되고 반복되었다. 후자는 선지자의 관찰 아래 수행되었는데, 그는 자신이 알고 있는 기준으로부터의 모든 일

필라델피아의 클라라 무하마드 학교의 졸업식에서 공연하는 학생들.[라미야 알-파루끼 사진]

탈을 바로잡았다. 신체 청결이라는 가장 미세한 부분에서 최상의 영적 의미에 이르기까지 이런 경배 구성은 순나 전반에 자리매김하고 있다. 모든 무슬림은 어릴 때부터 이것들을 배워 일생 동안 수행하는 데 있어 늘 무함마드를 마음에 담고 있다.

종교 생활에서 분명히 중요한 일은 삶 속에서 하루 다섯 번 예배^{salat} 드리고, 일 년에 한 달을 단식^{siyam}하며, 생계를 위한 절대적 필요 이상의 부^{富. zakat}를 다듬고, 무슬림 개인 및 집단 경건함의 정점인 성지 순례^{hajj}를 제공하는 것으로 이슬람 의식은 그 위치가 엄격하게 정해져 있다. 순나는 정확하고도 엄밀한 차원에서 가르쳤기 때문에 앞의 내용들은 증가하거나 감소하지 않으며 변할 수 없는 것들이다. 의식을 어기거나 게을리하는 사람에게는 책임이 따르지만 정

해진 차원을 넘는 지나친 행동을 하는 사람에게도 전자만큼은 아닐지 모르겠지만 역시 책임이 있다. 일 년 내내 단식하고 밤새 예배 드리는 사람에게 더 많은 은총이 있지 않겠는가 질문을 받았을 때 선지자는 다음과 같이 대답하였다.

"하나님은 그런 규정을 두시지 않았지요……. 나로 말하자면 예배를 드리지만 잠도 자고, 단식하지만 음식을 섭취하며, 일을 하면서도 아내와 함께합니다."

무함마드는 타 종교의 성인들처럼 세상을 거부하거나 고행하는 금욕주의자도, 대부분의 시간을 예배나 명상으로 보내는 수도사도 아니었다. 이슬람에서 종교 의식이란 순종과 자기 수양의 행동으로 여타의 관대함에 가깝다. 따라서 무함마드의 경건주의는 다른 곳에서 찾아야만 한다.

계시가 찾아오기 오래전부터 선지자는 홀로 인류가 처한 문제에 대해 명상에 잠기곤 했었다. 도처에서 보이는 인간의 역경은 그를 괴롭게 만들었다. 다른 종교들의 상황도 그들 수호자나 수도자나 사제들이나 랍비들에 의해 훼손되었으므로 큰 아쉬움을 남겼다. 그들은 사람들에게 영감을 주어 위대한 목표를 향해 나아가게끔 하기를 멈춘 지 오래었다. 하지만 피조물 사이에서 나타난 하나님의 표식은 어느 곳에서나 찾을 수 있었으며, 경이로움을 불러일으키고 인간 마음이 창조주를 향해 나아갈 수 있도록 압박했다. 인간에게 상속된 고정관념을 떨쳐 버리고 늘 창조 실체에 대한 새로운 증거들에 자신을 열어 둔다면 자신뿐 아니라 자연과 역사 속에서 하나님의 패턴은 분명했다.

계시와 무함마드의 하나님이 진정한 하나님이시요, 유일하시며, 절대적이시어 전능하시고, 은혜로우신 분이라는 믿음이 생겼을 때 그는 확신에 찬 사람이 되었다. 인간 세상의 모든 것(과거, 현재, 미래)과 자연의 모든 것(해, 달, 별, 나무, 크고 작은 동물들)은 하나님의 조치로 변화하며 살다 죽었다. 모든 것을 하나님의 창조와 작업과 섭리로 보기 전까지는 누구에게도 하나님에 대한 믿음이 종교적이지 않다. 이것이 바로 무함마드가 세상을 본 뛰어난 방식이었다. 선지자적 지위는 무함마드를 특별한 방법으로 신적 존재와 만나게 하였다. 하나님께서는 무함마드를 비롯한 우리 모두의 창조주이시고, 이 모두를 끊임없이 지켜보시며 인도하시는 주님이시다. 무엇보다도 우주의 신으로서의 하나님은 자연 현상과 역사의 사건들을 통해 고찰되고, 숙고하는 사람 마음을 가득 채우는 그분의 작품들을 통해 인정되어야 한다. 더 나아가 당신께서는 단지 인정을 받고 사색에만 사로잡히는 것이 아니라 사랑과 영예와 복종을 받으심이 마땅하시다. 그러한 사실 때문에 신성으로 인식되는 것은 규범적이며 명령적인 것으로 여겨진다. 하나님을 사랑하고 존중하며 순종함은 자발적으로 하나님을 섬기는 것으로, 자신과 다른 모든 피조물들이 하나님 뜻에 조화롭고 완전하게 충족되도록 변화되는 것과 다름없다. 하나님의 의지는 가치관과 물질과 실용주의와 윤리와 종교 심미적인 것들을 모두 아우르는 것이다. 이들 중 많은 것들은 이미 창조에서 이루어졌으며, 나머지 많은 것들은 인간에 의해 실현되기를 기다리고 있다.

이것이 무함마드에게 있어 경배의 의미였다. 바로 하나님의 작품을 통해 (하나님께서 이름하여 하나님이시며, 한 분이시고, 절대적이시며, 영원무궁하신)그분을 인식하고 당신의 뜻을 성취하는 것이다. 따라서 경배는 일시적이거나 어느 특정 장소에서만 이루어지는 것이 아니다. 결코 멈출 수 없는 일이며 계속되어야만 하는 일이었다. 죽음을 제외한 그 어떤 이유로도 경배를 미루는 일은 정당화되지 않는다. 생명이 있는 한 경배 의무는 지속된다. 이것이 바로 선지자가 몰두한 부분이다. 의식을 진행할 때 함께 참여하는

하디스 문구를 새긴 두 종류의 인도 문양으로 위 아래 사진 모두에 새겨진 문장은 다음과 같이 동일하다.
"신을 위해 모스크를 짓는 사람에게 신은 천국에 집을 주시리라."

▸ 위: 루큰 알-딘 바르바크 샤가 15세기에 의뢰한 모스크(방글라데시 실헷주, 하트크홀라 소재) 소장.
▸ 아래: 샴스 알-딘 유수프 샤가 15세기에 의뢰한 모스크(방글라데시 가우르 소재) 소장.

[방글라데시 문화성 제공]

이들을 위해 시간을 줄였지만 홀로 명상에 몰입할 때는 충분하게 시간을 가졌다. 그러나 어떤 명상이라도 선지자의 방식을 방해하여 다른 형태로서 경배를 시도할 수 없도록 했다. 모든 감각이 돌아다니는 곳마다 하나님을 보고 들었으며 당신의 뜻을 이루려 노력함에 지칠 줄 몰랐다.

무함마드의 영적 세계는 새로운 세상이었다. 그때까지만 해도 이 세상에 인식되는 영성이라면 오직 물질에 반대되는 개념이었고, 세상과 역사 속에서 자신을 희생함으로써 찾을 수 있는 영원함으로 알고 있었다. 힌두교나 불교는 그러한 영성을 가르쳤다. 물질과 세상에 대한 모든 적대감과 더불어 그 자체로 알렉산드리아 헬레니즘과 통합한 그리스도교의 영성 역시 그랬다. 삶, 세계, 역사를 지지하는 한 그런 종교들과는 양립할 수 없었다. 그러한 것들은 오직 이교

도들의 종교에서만 확인할 수 있었는데, 그것조차 초자연적이고 신화화된 대상에 투영된 이상의 것은 아니었다. 인류는 삶과 세상에 긍정적이면서도 추구하는 바를 도덕성으로 규율하는 종교, 순결과 성실과 헌신의 인격주의적 가치에 긍정적이면서도 역사를 이룩하는 데 있어 신중한 의식과 참여로 규율하는 종교, 이 두 가지를 조화롭게 추구할 수 있는 영성을 갈망해 왔다

꾸란 계시가 있기 전까지 무함마드는 곰곰이 생각하고 궁금해하며 명상하는 일에 모든 에너지를 쏟았다. 이후 그의 삶 모든 순간은 하나님께 대한 인식이었고, 우주의 창조주이시며 주님이신 분을 묵묵히 뒤따르는 행동이었다. 매순간이 삶에 대한 적극적 확언이자 문화와 문명의 재건이었으며, 이 세상을 신적 패턴으로 개조하는 것이었다. 생의 마지막 20년은 투쟁의 연속으로 하나님의 길에서 투쟁했던 끊임없는 자기 분투였

말레이시아 쿠알라룸푸르의 마스지드 네가라(국립 모스크)에서 예배(살라트)드리는 모습.[라미야 알-파루끼 사진]

다. 그렇지만 하나님의 세상을 살면서 하나님의 명으로 일한다는 것은 투쟁과 분투를 휴식과 평온함으로 바꿔 주었으며, 특히 사키나$^{sakina, 평온}$는 다른 어떤 선물보다 더 값진 것이었다. 무함마드는 사안이 나빠질 때마다 이를 주님에게 맡기고는 사키나를 간청하는 습관이 있었다. 그러나 결코 그 자신이나 가족, 환경, 동료들에게 주어진 일을 간과하면서까지 하나님께 의지하지는 않았다.

초대자로서의 무함마드

하나님의 계명은 무함마드가 사람들을 하나님께 초대하는 사람이 될 것을 지시하셨다. 계시를 세상에 전하는 것이 가장 막중한 임무였다.[4] 명령은 그의 임무가 알리고 경고하며 안내하는 것 이상을 넘어서는 게 아니라는 주의를 줬다. 그 소명 결과가 진행되며 성공하든 못 하든 선지자의 책임이 아닌 하나님 권한이었다.[5] 누군가가 안내되거나 또는 허락되지 않음을 정하는 분은 오직 하나님 한 분뿐이다.[6] 흠잡을 데 없이 완벽한 종복으로서 무함마드는 자신에

4 꾸란 5장 67절, 4장 79절.
5 꾸란 42장 48절, 10장 99절.
6 꾸란 2장 142절, 10장 25절, 6장 88절, 22장 16절, 24장 35절.

나이지리아 자리아에 위치한 진흙으로 지은 모스크의 내부
전경.[A. R. Doi 제공]

게 온 계시를 전달하며 새로운 믿음으로 초대하느라 사람들 만나는 일을 한순간이라도 놓치지 않았다. 그의 경력에서 영향력 있는 특정 인물과의 선약으로 가난한 장님을 믿음으로 초대하지 못했던 아주 특이한 사건이 있었지만, 이 또한 실은 초대에 실패한 경우는 아니었다. 선약했던 특정 인물과의 업무 역시 이슬람으로 초대하기 위함이었다. 그 일은 당시 어느 사람이 더 중요한지에 관한 우선순위에 대한 판단 오류였다. 초대 의무와 교우들에 대한 믿음에 따른 배려는 무함마드의 의식을 결코 떠난 적이 없었다. 어떠한 경우에도 그는 그 모두를 전도할 수 있는 기회로서 삼았다. 또한 다이아*daiyah, 전도사* 혹은 하나님께로의 초대자로서 선지자의 모습은 무슬림들의 창의력을 이끌어 왔다. 이 같은 이미지에서, 또 그것을 구성하는 개인 진술과 직접적인 말에서 순나는

7 꾸란 80장 1-10절.

무슬림들의 개인적 자질과 생활 방식으로 이슬람의 비전을 구체화시켜 놓았다.

이제 선지자는 실제 기적적이며 저항하기 힘든 가공할 만한 무기로 무장했으니, 바로 꾸란적 웅변이다. 경쟁 없이 납득시키고 설득하는 꾸란의 힘은 그 누구도 견줄 수 없이 엄청나고 너무도 매력적이었다. 선지자는 모든 경우에서 이 꾸란으로 신성한 목소리의 힘을 부르고 하나님의 존재를 느끼게 하는 이슬람의 숭고한 표현을 대변하도록 허락했다. 따라서 우뜨바 이븐 라비아*Utbah ibn Rabiah*가 마카의 종교에 대한 반대를 포기하면 꾸라이쉬 부족이 무함마드에게 왕권과 현금과 재물과 약품을 제공하겠노라 했을 때, 그는 꾸란 구절로 답했다. 그 구절들은 무함마드가 바라는 것이 왕권이나 재물을 탐하거나 병들어 약이 필요하다는 의구심을 떨쳐 버렸을 뿐 아니라, 마카 부족의 대표자였던 라비아*Rabiah*를 이슬람의 품에 안기게 만들었다. 아랍어를 이해하는 사람들에게 꾸란은 정말 강력하다. 연설문이나 에세이의 본문에 잘 엮어진 한두 구절은 마음을 두근거리게 하고 생기가 넘쳐 흘러 가슴속으로 파고든다. 무함마드의 연설은 전적으로 꾸란에 의지했으며 때로는 꾸란 구절로만 구성될 때도 있었다.

꾸란 인용을 차치하고라도 인간으로서 무함마드 자신의 연설 역시 설득력이 있었는데, 자신이 바누 사아드 빈 바크르*Banu Sad bin Bakr*의 캠프에서 자랐기 때문에 아랍어를 정확하고 유창하게 구사할 수 있노라 말하곤 했다. 무함마드는 문학적 웅변을 높이 평가하여 "문학적 아름다움은 매력적인 예술"이라 인정했다. 그는 확실히 아랍어 장인이었으며 청중의 마음을 어루만지고 그들의 창의력이 고무되도록 북돋을 줄 알았다. 하나님과 그분의 덕성과 조치에 대한 개인적 확신과 대의에 대한 애착에서 느낀 열정에 더해 사람들에게 진실을 납득시키는 데 선지자는 탁월한 성공을 거두었다. 아이샤*Aishah*가 전하듯, 선지자의 말은 너무도 잘 정리되어 처음 듣는 순간부터 기억하기 쉬웠고, 무함마드처럼 마음의 끈을 어루만지고 그러한 감정을 이끌어낸 사람은 아무도 없었다.

무함마드는 누구라도 원하는 사람 모두에게 기꺼이 귀를 빌려주었으며, 연민의 미소와 더불어 허심탄회한 관심으로 이야기하는 사람에게 시선을 집중해 귀기울였다. 대답할 때는 요점을 짚어 결코 애매모호하지 않았다. 답을 모를 때에는 "하나님께서만이 다 아신다"가 그 대답이었다. 만약 논란이 이는 문제라면, 항상 종교적 원칙이기에 발언자를 안심시켜 문제 근간에 있는 원칙에 대한 동의를 얻어냈다. 누구라도 무함마드와 대화한 사람은 당면 문제에서 그의 판단뿐 아니라 더 큰 문제에 있어서도 확신을 갖게 되었고, 이슬람 대의명분을 위한 신병이 되었다. 더구나 그런 사람들은 인간적으로 선지자를 완전히 사랑하고 흠모하는 모습으로 존경하게 되었다. 앞서 말한

기도하는 성지 순례자. [사우디아라비아 정보부 제공]

우뜨바 이븐 라비아*Utbah ibn Rabiah*나 우마르 이븐 알-카탑*Umar ibn al Khattab*처럼 가장 치열했던 적수가 그런 경우였다.

우마르 이븐 알-카탑은 꾸라이쉬 신들에 대한 선지자의 신성 모독에 격분하여, 이 골치거리를 단번에 그리고 영원히 끝내려고 칼을 뽑아 든 채 무함마드를 찾아 나섰다. 하지만 그 발길은 그가 이슬람 품에 안기는 걸로 마무리되었고, 그는 이슬람을 위한 가장 강력한 방어자 중 한 사람이

되었다. 꾸란과 무함마드의 초대는 우마르에게서 이교도 목소리를 제거하고 이슬람의 소리로 바꾸었다. 무함마드의 임무는 신의 계명에 대한 완벽한 예증이었다.

> "더욱 공정하고 고상한 말로 저들과 논쟁하라. … 악을 선으로서 대할 것이니, 그대와 악행자 사이의 적대감은 따뜻한 우정으로 바뀔 것이라."[8]

사우디아라비아의 전통 가옥에 새겨진 목각 장식.
[사우디아라비아 정보부 제공]

선지자는 메시지를 전달하는 데 있어 아무리 큰 위험이라도 기꺼이 무릅썼다. 마카에서 초기 몇 년간은 끔찍한 반응을 겪었다. 마카 사람들은 그와 친우들을 조롱 삼았다. 면전에서 그들을 거부했으며 또 무슬림이든 아니든 상관없이 가문 모두에게 거부

---

8 꾸란 16장 125절, 41장 34절..

꾸란과 순나

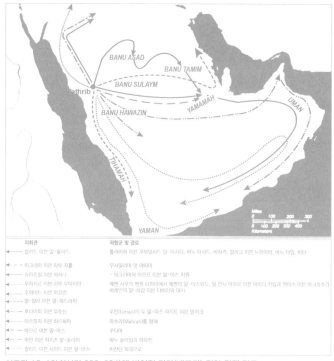

지휘관	저항군 및 경로
할리드 이븐 알-왈리드	툴라이하 이븐 쿠와일리드 알-아사디, 바누 아사드, 바지크, 칼리크 이븐 누와이라, 바누 타밈, 비타
이크리마 이븐 아부 자흘	무사일리마 앗 야마마
슈라흐빌 이븐 하사나	이크리마와 아므르 이븐 알-아스 지원
무하지르 이븐 아부 우마이야	예멘 서부의 평원 티하마에서 예멘의 알-아스와드, 알 안시 아므르 이븐 마디 카립과 까이스 이븐 마크슈흐가 바레인의 알-하람 이븐 다비아와 대치
수와이드 이븐 마끄린	
알-알라 이븐 알-하드라미	
후다이파 이븐 무흐신	우만(Uman)의 두 알-까즈 라끼트 이븐 말리크
아르파자 이븐 하르씨마	마흐라(Mahrah)를 향해
아므르 이븐 알-아스	꾸다아
마안 이븐 하지즈 알-술라미	바누 술라임과 하와진
칼리드 이븐 사이드 이븐 알-아스	비잔틴 외곽으로

히즈라 10~12년(서기 632~634)에 벌어진 릿다(배교자) 진압 전쟁 경로.

운동을 벌였다. 무함마드가 선교를 따이프^{Taif}로 옮겼을 때 돌팔매질에 맞아 쫓겨 도피할 수밖에 없었는데, 그 과정에서 거의 죽을 뻔했다. 실패는 마음의 가책으로 무겁게 짓눌렀으며 비록 패배했지만, 여전히 충성스럽고 충실한 믿음으로 더욱 하나님께 기도를 드리도록 만들었다. 임무를 이끄는 데 있어 무함마드는 결코 자신이나 교우에 대해 인색하게 굴지 않았다. 이슬람을 소개하는 어떠한 초대라도 호의적으로 대하려는 그의 열정이 너무도 커서 그의 적들은 이슬람 지지자들을 죽이는 것으로 이슬람과 싸우는 방편으로 삼았다. 한번은 후다일 부족(히자즈 *Hijaz*)의 요청으로 6명의 교우를 그들에게 보냈는데, 알 라지 *al Raji*에 다다랐을 때 부족민들이 무슬림에게 달려들어 네 사람을 살해하고 두 사람은 마카로 팔아 넘겼다. 후에 두 사람 역시 처형당했다. 선지자는 아부 바라아 아미르 이븐 말리크 *Abu Bara Amir ibn Mailik*의 보호 아래 가장 가까운 교우들을 나즈드 *Najd* 부족에 보내 이슬람을 가르치게 했다. 무슬림들이 마아우나 우물에 이르렀을 때, 비누 아미르 *Banu Amir* 부족이 달려들어 모조리 학살했다. 죽은 줄 알았던 한 무슬림이 살아남아 이 이야기를 전했다.

사명을 위해서라면 무함마드는 언제라도 용서할 준비가 되어 있었다. 그는 마카의 (가장 적대적이던 사람들조차 포함하여)모든 사람들을 용서하였으며, 가장 큰 승리를 이룬 순간조차 그들이 새 신앙에 동참할 수 있도록 초대했다. 관습대로라면 그들 모두를 노예로 삼고 재산을 몰수할 수도 있었지만, 무함마드에게는 처음부터 마지막까지 사명이 최상의 관심이었다. 마찬가지로 선지자를 속이고 비방하면서 이슬람 국가에 대한 반역죄를 저질렀으며, 모든 경우에서 맞서 싸웠던 압둘라 이븐 우바이조차 처형하지 않았다. 매우 헌신적인 무슬림이던 이븐 우바이의 아들은 자기 아버지가 선지자로부터 규탄받았었다는 사실을 알고, 동료들 중 누군가로부터 아버지가 죽임을 당해 그에 따른 복수심이 생길 것을 우려해 자신이 사형 집행인이 되는 걸 허락해 달라 간청했다. 실제로 이븐 우바이가 죽자 선지자는 그의 시신에 수의를 입힌 후 장례 예배를 이끌었으며, 무덤까지 따라 걸으며 배웅해 주었다. 그 아들과 이를 목격한 모든 사람들에게 믿음을 전파하려면 응징에 대한 모든 미련을 버릴 수 있어야 하고 또 그래야만 한다고 설득했다. 후나인 전투히즈라 8년/서기 630년에서 무슬림들이 승리했을 때 마카 사람들이 더 많은 전리품을 챙기려 하자 마디나 사람들이 불평을 터뜨렸다. 이에 선지자가 그들을 위로하며 말했다.

"마카인들이 물건을 챙겨 가는 대신 여러분은 하나님 선지자와 함께 남아 있는 것이 더 행복하지 않은 겁니까?"[9]

무함마드는 모든 무슬림이 이슬람 전도사가 될 수 있도록 잘 가르치고 지도했다. 그들은 지위고하를 막론하고 선

9 Ibn Ishaq, *Sirat*, Vol. I, pp. 223–224.

지자를 잘 따랐다. 무슬림들은 뛰어난 이슬람 메시지를 지속적으로 전달했다. 어떤 부분은 규범적 메시지 본질에서 나오고 또 어떤 부분은 선지자 가르침에서 기인한다. 자아파르 이븐 아부 딸립*Jafar ibn Abu Talib*은 마카에서 탈출한 자신과 몇몇 동료들에게 덮어씌운 마카 사람들의 혐의와 송환 요구에 대한 답변을 위해 아비시니아*Abyssinia*의 네구스*Negus* 왕 앞으로 불려 나왔다. 자아파르는 정직하게, 그러면서도 왕의 환희를 얻지 않을 수 없는 방식으로 이슬람의 사례를 보여 주었다. 그가 말했다.

"오 대왕이시여. 우리들은 우상을 숭배하고, 죽은 짐승의 썩은 고기를 먹으며, 온갖 종류의 부당함을 저지르는 무지와 부도덕의 상태에 있었습니다. … 우리 중에서 강자는 약자를 착취했습니다…. 그런데 하나님께서 우리에게 선지자를 보내 주셨습니다. … 그는 우리들로 하여금 하나님이 아니면 누구도 섬기지 말 것, … 진실만을 이야기하고 신뢰와 약속을 지킬 것, 친척과 이웃을 돕고 간음과 위증을 하지 말라고 했습니다. … 마카 사람들은 우리에게 따르지 않을 것을 강요하여 큰 고통을 가하려 하였습니다. 그것이 바로 우리가 이곳으로 온 이유입니다. … 예수님에 관하여는 우리 선지자가 다음과 같은 계시를 전해 주었습니다."

여기서 자아파르는 듣는 사람들 귀에 달콤한 음악과도 같이 울려 퍼지는 '마리얌^{Maryam}' 장의 구절을 낭송하였다. 네구스와 그의 총대주교들은 눈물을 흘리며 결코 무슬림들을 넘기거나 욕되게 하지 않겠노라 맹세했다.[10]

가족으로서의 무함마드

누군가 처음으로 무함마드에게 결혼을 권했을 때 그는 스물다섯 살이었다. 삼촌 아부 딸립^{Abu Talib}에게 얹혀살던 가난한 처지였다. 당시 마카의 젊은이들은 수시로 술집에 들락거리며 술집 여성들과 시시덕거리곤 했었다. 그러나 무함마드는 아니었다. 순결하고도 고결한 삶을 살았다. 그와 관련해 마카에서의 청년 시절 무례함이나 성인이 되어 방탕함 같은 생활로 알려진 사실은 없다. 독신으로서의 마지막 2년의 삶은 미망인이자 무역상인 카디자^{Khadijah}에게 고용되었는데, 그는 오랫동안 그녀의 신임을 받았다. 그녀의 충복한 하인 마이사라^{Maysarah}와 마찬가지로 찬사를 받을 만큼 훌륭히 일을 처리해 관심을 받게 되었다. 마이사라는 고용

---

10 Ibn Ishaq, *Sirat Rasul Allah*. Guillaume 옮김, *The Life of Muhammad*(Oxford: Oxford University Press, 1955), pp. 151–2.

주의 이익을 위해 무함마드와 함께 교역을 위한 여행을 떠났다. 무역 여행의 성공은 무함마드뿐 아니라 마이사라에게도 공로가 있었지만, 마이사라는 카디자에게 겸손하게 무함마드를 내세워 그의 활약으로 성공할 수 있었노라 보고했다.

아무도 무함마드에게 결혼에 관해 이야기하지 않았다는 사실은 그의 마음속에 결혼에 대한 생각이 없었음을 드러낸다. 카디자의 친구 나피사 빈트 무니야*Nafisah bint Munyah*가 만일 자신에게 맡겨 주면 모든 결혼 비용을 선불로 지불하고 카디자의 손을 잡게 해 주겠다는 제안에 무함마드가 어리둥절했다는 이야기기 그 사실을 증명한다. 이윽고 무함마드는 행복해 하며 카디자와 결혼했다. 카디자는 여러 명의 자녀를 무함마드에게 안겨 주었는데, 오직 파띠마*Fatimah* 혼자 살아 남이 무함마드의 사촌 알리*Ali*와 결혼하여 선지자의 두 손자 하산*Hasan*과 후사인*Husayn*을 낳았다. 그녀 아버지의 두 아들 까심*Qasim*과 따히르*Tahir*는 젖먹이일 때 세상을 떴다. 파띠마의 세 자매 자이납*Zaynab*, 루까야*Ruqayyah*, 움므 쿨숨*Umm Kulthum*은 모두 결혼했지만 히즈라 8년*서기630년* 이전에 자녀들 없이 세상을 등졌다.[11] 히즈라 9년*서기 631년*에는 이집트

11 Muhammad Husayn Haykal, *The Life of Muhammad*, I. R. al Faruqi 옮김(Indianapolis: American Trust Publications, 1396/1976), Chap. 26, pp. 429–442.

표 1. 선지자의 가계도

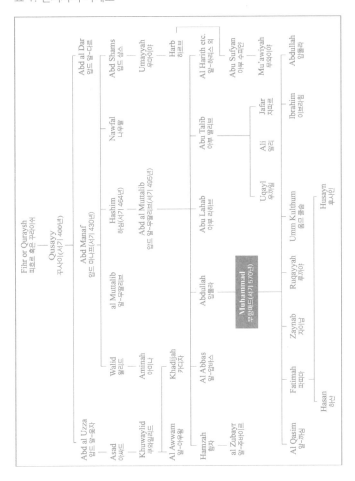

인 부인 마리얌^{Maryam}과의 사이에서 아들 이브라힘^{Ibrahim}이 생겼었는데, 이 아이 역시 젖먹이일 때 세상을 떠났다. 카디자는 그녀가 살아 있는 동안 무함마드의 유일한 아내로 남아 있었다. 그들의 결혼생활은 히즈라 전 1년$^{서기 621년}$에 그녀가 사망할 때까지 지속되었다. 이 시기 동안 무함마드 생애에서 가장 중요한 사건들이 많이 발생했다. 두 사람 모두에게는 정말 행복한 결혼이었다.

카디자의 재산 덕분에 무함마드는 생계를 위해 일해야 하는 부담을 덜게 되었다. 그럼으로써 그는 자신과 가족에 대한 물질적 영향에서 벗어나 여유로이 깊은 명상에 잠길 수 있었는데, 바로 첫 번째 계시를 부른 계기였다. 첫 계시가 찾아왔을 때, 무함마드는 자신이 아프거나 어디에 홀린 것이라 생각했다. 천사가 자신에게 전한, 곧 선지자가 될 것이라는 통보를 스스로 믿을 수 없었다. 남편의 사기를 북돋우고, 그가 안심하도록 고무시키며, 그 특별난 일에서 자신감을 찾는 데 도움을 주는 임무는 카디자 몫이었다. 환영이 반복적으로 거듭되면서 카디자 자신도 마음의 안정이 필요했다. 그녀는 이를 종교적 지식과 지혜를 갖춘 것으로 명성이 있었던 먼 친척 아저씨 와라까 이븐 나우팔$^{Waraqah\ ibn\ Nawfal}$에게 알아보기로 했다. 모든 이야기를 들은 와라까는

크게 외쳤다,

"내 영혼을 지배하는 분께 맹세하나니, 무함마드는 이 나라의 선지자가 되었다. 모세를 찾아왔던 큰 성령이 이제 그에게로 왔으니. … 부디 굳건하시기를!"

카디자는 확실히 용기를 얻을 수 있었다, 하지만 이후 선지자가 될 사람의 아내로서 짊어져야만 할 짐은 엄청난 부담이었다. 무함마드는 아내를 지극히 사랑했으며 자신이 할 수 있을 만한 모든 애정을 그녀에게 쏟았다. 그녀가 세상을 떠났을 때 눈물을 흘리며 그녀와의 모든 기억을 마음속에 간직했다. 훗날 그의 가장 어렸던 아내 아이샤^{Aishah}는 말했다.

"그녀가 비록 오래전에 세상을 떠났지만, 나에게는 카디자의 자리를 대신하는 일보다 더 부러운 일이 없었다."

무함마드는 카디자가 세상을 뜬 후 여덟 번 결혼했지만, 진정한 결혼은 그중 단 한 번뿐이었다. 그것은 바로 가장 가까웠던 동료 아부 바크르^{Abu Bakr}의 딸 아이샤와의 결혼이었다. 다른 사람들과의 결혼은 정치적, 사회적 이유로 이루어졌다. 선지자는 이슬람이 가르친 새로운 가치의 예시로서 그들 사이를 파고들었다. 몇 가지의 예시가 그것들을 확인시켜 준다. 무함마드가 잘 아는 지인의 사촌이었던 자이납 빈트 자흐슈*Zaynab bint Jahsh*는 무함마드가 해방시켜 준 카디자의 노예 자이드 이븐 하리스*Zayd ibn Harithah*와 결혼했지만 배우자 간 신분 차이가 양립할 수 없다는 관습으로 결혼생활은 비참하게 파탄났다. 이는 노예와 이혼 여성은 사회에서 버림받아 영원히 결혼할 수 없도록 만들었던 아랍 관습의 이중적 비극이었다. 비록 이 관습은 이슬람에 의해 폐지되었지만, 어느 무슬림도 자신을 낮춰 이 젊은 여인에게 청혼을 할 수 없었다. 그녀의 신분을 높여 주고 아랍인들에게 사회 계층화에 대한 교훈을 심어 주기 위해 무함마드는 그녀와 결혼했다. 하프사*Hafsah*는 미망인으로 선지자의 절친한 교우 우마르 이븐 알-카탑*Umar ibn al Khattab*의 딸이었다. 그녀는 40대로 아주 가난했다. 그녀의 아버지는 더 가난했다. 그는 친구와 지인들에게 그녀를 부탁했지만 모두가 사양했다. 그녀의 아버지는 집 없이 보호받지 못해 문제가 생길 것이 불 보듯 뻔한 딸을 생각하며 깊은 시름에 빠졌다. 양쪽 모두에게 용기와 희망을 주고 무슬림들에게 독신 여성, 특히 미망인에 대한 보호의 필요성을 가르치기 위해 선지자는 그녀를 부인으로 삼아 가정에 합류시켰다.

사우다*Sawdah*는 초기에 입교한 무슬림 중 한 사람인 사크란 이븐 아므르*Sakran ibn Amr*의 무슬림 아내였다. 사우다가 이슬람 품에 안겼을 때 선지자는 두 사람을 결혼시켰다. 그녀는 가족들의 응징을 피해 피신해야만 했다. 남편에게도 똑같은 일이 벌어졌다. 선지자는 이들 부부에게 아비시니아로 이주하도록 명령했다. 그들이 돌아왔을 때 사크란이 세상을 떴다. 사우다는 거리에 나앉든, 가족에게 돌아가 응징을 받든 하나를 선택해야만 했다. 무함마드는 그녀의 보호금을 지불해야 했으며 그 밖의 동료들에게는 그들이 결렬한 충돌에서 순교한다면 가족들을 적의 자비에 맡기지 않으리라 안심시켰다.

주와이리야*Juwayriyyah* 는 바누 알-무스딸리끄*Banu al Mustaliq* 부족 우두머리인 하리스*Hartith* 의 딸로서 미망인이었는데, 부족 사람들이 벌인 무슬림과의 전쟁에서 포로가 되었다. 선지자는 그

1558년 완공된 이스탄불 술레이마니야 모스크 내부 전경.

녀를 전리품으로 받아들였고, 그녀 아버지에 대한 존경의
표시로 그녀를 석방하여 청혼했다. 아버지는 선택권을 딸
에게 주었는데, 그녀는 이슬람에 대한 호의로 무함마드와
의 결혼을 결정했다. 이렇게 그녀는 명예를 지킬 수 있었다.
결혼 후 몇 달 되지 않아 그녀는 부족 사람들을 이슬람으
로 개종시켜 모두를 새 신앙으로 이끌었다.

표. 2 선지자의 생애 및 활동 연대기

연대	활동 내용
서기 570년	'코끼리 해', 아브라하^{Abraha}의 마카 공격 실패. 선지자의 아버지 압둘라^{Abdullah} 사망. 무함마드 탄생(8월 20일).
570~575년	할리마^{Halimah}와 함께 바누 사아드^{Banu sad}에 거주하며 양육됨. 페르시아의 예멘 정복. 그리스도교 아비시니아의 축출.
575년~	예멘에서 유대인 왕 두 누와스^{Dhu Nuwas}의 그리스도교인 학대.
575~579년	페르시아의 예멘 통치.
576년	선지자의 어머니 아미나^{Aminah} 사망.
578년	선지자의 할아버지 압둘 무딸리브^{Abdul Muttalib} 사망.
580~590년	핏자르^{Fijjar} 전쟁.
582년	첫 번째 시리아 여행. 바히라^{Bahirah}와의 만남.
586년	카디자^{Khadijah}에게 고용.
595년	두 번째 시리아 여행. 카디자와 결혼.
605년	카아바^{Kabah} 재건축 도움.
610년	선지자로 호칭(6월). 꾸란 계시의 시작. 카디자, 알리, 아부 바크르 수으로 이슬람 선택
613년	이슬람으로의 공개적 초빙 시작. 마카 사람들과 마찰.

연대	활동 내용
615년	함자^{Hamzah}의 이슬람 선택. 무슬림들의 첫 번째 아비시니아 이주.
616년	바누 하심$^{Banu\ Hashim}$ 가문에 대한 거부 운동. 1차 이주민들의 귀환.
617년	무슬림들의 두 번째 아비시니아 이주.
619년	아부 딸리브$^{Abu\ Talib}$ 사망. 카디자 사망. 따이프^{Taif}에서 이슬람을 알리고 부족 보호 요청.
620년	아이샤 빈트 아부 바크르$^{Aishah\ bint\ Abu\ Bakr}$와 약혼. 야스리브에서 첫 번째로 아우스^{Aws}와 카즈라즈^{Khazraj} 부족이 이슬람 선택.
621년	알 아까바$^{al\ Aqabah}$ 1차 회담. 알 이스라$^{al\ Isra}$와 알 미라즈$^{al\ Miraj}$(야간 여행과 승천). 알 아까바 2차 회담. 마카 사람들의 선지자 살해 시도. 7월 16일, 야스리브^{Yathrib}로 이주한 히즈라^{Hijrah}. 그 이후로 마디나 알-나비$^{Madinah\ al\ Nabivy}$ 혹은 '선지자의 도시'로 호칭. 히즈라 원년 1월 1일.
히즈라 1년 (서기 622년)	선지자 모스크와 거주지 건축. 새로운 사회 질서로 이슬람 형제애 수립. 첫 번째 이슬람 국가 건설. 마디나^{Madinah} 조약 체결. 아이샤와 결혼. 예배를 의무로 제정. 압둘라 이븐 쌀람$^{Abdullah\ ibn\ Salam}$의 이슬람 선택. 유대인들이 아우스^{Aws}와 카즈라즈^{Khazraj}의 이간질 시도.
히즈라 1년 (서기 623년)	얀부^{Yanbu} 인근 마카 군대에 대한 함자^{Hamzah}의 원정.
히즈라 2년 (서기 623년)	왓단^{Waddan} 원정. 핀하스^{Finhas} 사고. 부와트^{Buwat} 원정. 알 우샤이라$^{al\ Ushayrah}$ 원정.
히즈라 2년 (서기 624년)	마카의 카아바^{Kabah}를 예배 방향으로 결정. 바드르^{Badr} 원정(무슬림이 첫 번째 승리). 바누 까이누까$^{Banu\ Qaynuqa}$ 원정. 히즈라 3년^{서기 624년} 바누 술라임$^{Banu\ Sulaym}$ 원정. 두 아마르르$^{Dhu\ Amarr}$ 원정. 알 까라다$^{al\ Qaradah}$ 원정.
히즈라 3년 (서기 625년)	우마르^{Umar}의 딸인 미망인 하프사^{Hafsah}와 결혼.
히즈라 4년 (서기 625년)	하므라 알-아사드$^{Hamra\ al\ Asad}$ 원정. 선지자의 딸 파띠마^{Fatimah}와 알리^{Ali}의 결혼. 알-라지$^{al\ Raji}$ 원정. 이슬람에 대한 비이르 마아무나$^{Bir\ Maunah}$의 배신. 바누 알-나디르$^{Banu\ al\ Nadir}$ 원정.

연대	활동 내용
히즈라 4년 (서기 626년)	우후드 _Uhud_ 원정. 함자 _Hamzah_ 의 순교.
히즈라 5년 (서기 626년)	첫 번째 다우마트 알-잔달 _Dawmat al Jandal_ 원정.
히즈라 5년 (서기 627년)	알 무라이시 _al Muraysi_ 원정. 아이샤에 대한 하디스 알 이프크 _Hadith al Ifk_ 의 명예 훼손. 칸다끄 _Khandaq, 배수로_ 원정. 바누 꾸라이자 _Banu Qurayzah_ 원정.
히즈라 6년 (서기 628년)	2차 다우마트 알-잔달 _Dawmat al Jandal_ 원정. 파닥 _Fadak_ 원정. 카이바르 _Khaybar_ 원정. 마카인들과 후다이비야 _Hudaybiyah_ 평화 조약 체결. 주변 왕국에 이슬람을 알리는 사절단 파견.
히즈라 7년 (서기 629년)	첫 번째 이슬람 성지 순례 _Hajji_. 칼리드 이븐 알 왈리드 _Khalid ibn al Walid_ 와 아므르 이븐 알 아스 _Amr ibn al As_ 이슬람 선택.
히즈라 8년 (서기 629년)	다트 알 탈흐 _Dhat al Talh_ 에서 무슬림 선교사들 살해.
히즈라 8년 (서기 630년)	마카 원정. 마카인들의 이슬람 선택. 카아바 _Kabah_ 속 우상들을 모두 파괴하고 깨끗하게 씻어 냄. 히자즈 _Hijaz_ 지방 아라비아 부족들 이슬람 선택. 후나인 _Humayn_ 의 하와진 _Hawazin_ 원정.
히즈라 9년 (서기 631년)	2차 무슬림 성지 순례(아부 바크르 _Abu Bakr_ 가 주도).
히즈라 10년 (서기 631년)	나즈란(예멘)의 그리스도교 사절단이 마디나 _Madinah_ 를 찾아 움마 _ummah_ 의 구성원으로서 이슬람 국가에 편입. 대표단의 해-아랍 부족들이 이슬람을 선택해 충성 맹세.
히즈라 10년 (서기 632년)	무함마드의 아들 이브라힘 사망. 선지자의 마지막 성지 순례. 꾸란의 계시 완성.
히즈라 11년 (서기 632년)	선지자 사망. 무타 _Mutah_ 원정.

이들과 또 그 밖의 여인들은 무함마드와의 결혼을 통해 '믿는 이들의 어머니'로 신분이 격상되었다. 각자는 이슬람

알 아우자이^{Al Awzai}(히즈라 158년^{서기 774년} 사망)는 그의 이름으로 알려진 율법 학교의 창시자였다. 시리아, 레바논, 요르단, 팔레스타인의 대다수는 히즈라 134~300년간 그의 학교에 속해 있었다. 히즈라 150년을 시작으로 아부 자르아^{Abu Zarah}는 샤피^{Shafii}를 소개했고, 이븐 한발^{Ibn Hanbal}은 히즈라 250년 이후 확산되기 시작했다. 오늘날 전체 지역은 히즈라 100년부터 이라크를 장악하고 순니^{Sunnis} 사이에 한발리^{Hanbalis}와 샤피^{Shafiis}가 섞이면서 히즈라 150년에 시리아에 퍼지기 시작한 하나피^{Hanafi}가 압도하고 있다. 상당수의 소수파(드루즈^{Druze}, 시아^{Shiah} 12지파 또는 이트나 아샤리스^{Ithna Asharis}, 그리고 7지파 또는 이스마일파^{Ismailis})가 파티마^{Fatima}의 지배하에 등장하여 오늘날까지 지속되고 있다. 히즈라 200년까지 스페인은 모두 하나피였다. 말리키^{Maliki}는 히즈라 250년까지 지배적이었는데, 그 지역에서 무슬림 통치가 끝날 때(히즈라 898년^{서기 1492년})까지 도전 없이 지속되었다. 인도는 주로 하나피에 속한다. 시아 소수파(대부분 이스마일)들이 봄베이 주변 지역에서 계속 생존하고 있다.

히즈라 41~200^{서기 661~815}년의 율법 지형도.

히즈라 201~350^{서기 816~963}년의 율법 지형도.

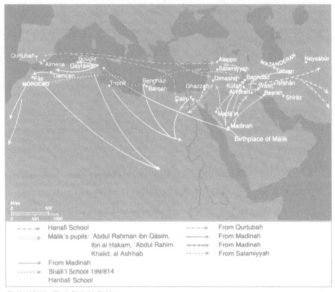

율법 지형과 율법 학교의 확장도.

형성기에 중요한 역할을 감당했으며 새로운 사회에서 사회 화합에 기여했다. 새로운 보편주의 움마$^{Ummah, 무슬림 공동체}$에서 옛 부족들만의 유대는 불법이라 선언한 무함마드는 신생 사회를 공고히 다지기 위해 여타의 결속력들을 모두 동원 했다. 선지자의 가정에 소속되거나 결혼으로 관계 맺는 영 광은 남녀 관계에 도입한 이슬람의 커다란 개혁 가운데 일 부였다.

이슬람 이전에, 딸들의 부모는 여성을 가족의 명예를 떨

꾸란과 순나

어뜨리는 존재로 여겼으며, 따라서 어린 딸아이를 생매장할 수도 있는 하찮은 가치로 인식했다. 성인 여성은 매매와 상속 가능한 성적 대상이었다. 이슬람은 여성을 이러한 열등감과 법적 무능으로부터 가정과 사회에서 영향력과 위신을 가진 위치로 끌어올렸다. 결혼 여부와 상관없이 여성도 소유와 상거래, 상속이 가능하게 되었다. 본인의 동의 없이는 결혼이 불가능한 법적 인격체가 되었으며, 정당한 사유가 있을 때는 언제건 이혼을 요구할 자격이 주어졌다. 모든 종교적 의무와 특권들은 남성뿐 아니라 모든 여성에게 동등하게 적용되었다. 간통은 이슬람에 의해 사형에 처해질 수 있는 가장 모멸적 범죄로 간주되어 이슬람은 여성을 보호하고 파멸로 내몰릴 만한 일로부터 그녀들을 인도하였다.

여성은 항상 남성 친척들로 하여금 부양을 의무화함으로써 생계에 따른 여성의 책임을 면제했다. 나아가, 어떤 경우라도 여성에게는 최소한의 의무가 있는 만큼의 권리가 부여되었으며, 따라서 늘 친절히 대해야 한다고 규정했다.

이 같은 법적 개혁은 당시로서는 매우 진보적이었으며 오늘날에도 세계 여러 곳에서 진보적으로 유지되고 있다. 무함마드와 가족은 이런 개혁의 본보기를 보이고 거기에 새로운 윤리 전형을 포함시켰다. 그의 아내들은 무함마드의 연민이 사그라진 적이 전혀 없었으며, 그의 얼굴에 미소가 사라진 걸 본 적 없었노라 했다. 그녀들은 번갈아 가며 무함마드의 집을 평화와 안식이 깃든 장소로 만들었다. 선지자이자 국가 수반이었지만 무함마드는 일상적 가정사를 돌보는 일이 자신의 존엄성을 낮추는 일이라는 생각은 하지 않았다. 오히려 그녀들을 자신과 동등한 존재로서 여기게 했다. 하루는 그에게 그녀들 중 한 명이 대담하게 말했다.

"좋아요, 이제 당신이 말할 차례예요. 하지만 부디 진실만을 말해 주세요."

그 자리에 있던 그녀의 아버지 우마르[Umar]는 이 말에 매우 격분하여 그녀의 공격적 어투를 매우 엄하게 나무랐다. 하지만 무함마드는 그런 아버지를 말리면서 말했다.

"이러려고 당신을 초대한 것이 아닙니다."

무함마드는 그의 자식들이나 손자들과 긴 시간을 보내고는 했다. 한번은 예배를 위해 엎드려 절하는 그에게 호기심 어린 손자가 등 위로 올라타자 허리를 길게 뻗어 떨어지지 않게 해 주었다. 교우들에게 가족들을 잘 대하라고 조언하면서 선언했다.

"하나님 보시기에 여러분 중 가장 뛰어난 이는 가족에게
가장 잘하는 사람입니다."

무함마드는 부양가족을 위해 생계를 유지하는 일을 경배
행위로 규정하고, 그 가치를 순교 수준으로 끌어올렸다. 꾸
란은 수도자적 관행을 비난^{꾸란 57장 27절}했고, 선지자는 이렇
게 덧붙이곤 했다.

"결혼은 나의 '순나^{모범}'입니다."

그는 젊은 무슬림들의 결혼을 권장하며 이따금 그들의
지참금을 대신 지불하거나 의무 금액을 줄여 주기도 했다.
꾸란은 가문의 명예나 가난과 기근에 대한 두려움으로 아
이들을 죽이는 것을 규탄했다.

선지자는 무슬림들에게 출산을 강력 권고하며 말했다.

"하나님께서 저들을 먹여 살리시리니, 그들 숫자는 하나
님과 선지자를 기쁘게 만듭니다."

가족의 필요성과 가치에 대한 이러한 큰 강조는 이슬람
에 의한 종족 붕괴와 그 결과로 부흥한 충성 및 헌신과 일
치했다. 첫째, 가족은 본질적 문제이다. 혈연을 기반으로
인격적 상처를 주지 않는 한 침해될 수 없는 사랑과 신뢰와

배려를 느끼는 보금자리이다. 그런 이유로 이슬람은 이를 승인하여 법으로 묶어 놓았다. 둘째, 유산 상속과 부양을 조절하여 가족이 확장된 형태로 존재하고 발전할 수 있도록 하고 3대가 함께 살면서 같은 식탁에서 식사할 수 있도록 했다. 셋째, 많은 수의 구성원들 사이에 발생하는 세대 격차를 예방하고, 구성원들의 문화 적응과 사회화 과정을 용이하도록 했다. 넷째, 이슬람은 모든 가정에 매우 다양한 재능과 자질을 구비할 수 있게 함으로써 구성원 간 필요에 조응할 수 있게 훈련시켰다.

가족을 뛰어넘어서는, 오직 전 세계적 움마만 있을 뿐이니 이슬람은 종족과 그런 제도를 없애 버렸다. 움마는 전 세계적 공동체이자 전 세계적 국가였다. 이는 스스로의 결정에 따라 개인이나 집단 누구라도 참여할 수 있는 개방적인 평등 사회였다. 권력에 기반하여 소수 엘리트의 이익을 위해 노예와 대상 주민을 착취하도록 도안된 세계 제국들과는 달리 움마에는 계급이 없었다. 한데 묶는 유대감은 이슬람의 이상 안에서 구성원들이 공유한 공감대 합의를 기초로 세워진 합리적인 것이었다. 지역이나 세계적 수준으로 실행하기 위해서는 그 이상을 교육하고 훈련시켜야만 했다. 다른 한편으로, 가족 간 유대는 윤리적 혹은 이성적

성숙에 관계없이 싫건 좋건 인간에 영향을 미치는 피의 호소이다. 분명 그것은 또한 합리성 수준으로 상승할 수 있고 인간이 할 수 있는 가장 고귀하고 윤리적인 의미 중 일부를 포함한다. 그러나 이러한 합리성 없는 가족 간 유대는 독점적으로 획득되고, 합리적인 움마적 유대와 달리 필연적이고 보편적이라는 사실을 부인할 수는 없다.

지도자로서의 무함마드

지도력의 가장 본질적 자질은 어떤 상황에서도 주어진 모든 요소들을 인지하고 정확히 평가하는 능력, 희망하는 목표를 설정하는 능력, 실행을 위한 최고의 전략을 수립하는 능력, 관계자들에게 전체 계획의 적절성을 납득시키는 능력, 그리고 가능한 한 최대의 의지로 성취를 향해 움직이도록 만드는 능력일 것이다. 무함마드에게는 매우 높은 수준의 이런 능력이 있었다. 만약 이슬람이 없었더라도 그는 마카에 알려진 가장 훌륭한 정치가였을 것이다. 이슬람은 자기 세계관을 새로운 목표에 더했으며 리더십의 범위를 인류와 전 세계로 넓혔다.

선지자 초기 시절에 일어났던 사건 하나가 그의 지도자

적 자질을 증명하였다. 마카 사람들이 홍수로 금이 간 카아바*Kabah* 벽을 재건축할 때, 서로 초석을 얹는 영광을 차지하려고 각 부족 지도자들 사이에 다툼이 일었다. 그 초석은 마카 부족이 대대로 영광스럽게 기려 온 '흑석*black stone*'이었다. 모든 부족장들이 관련되어 있었으므로 맨 처음으로 현장에 도착한 사람의 중재를 받아들이자는 아부 우마이야*Abu Umayyah*의 제안에 사람들은 은근히 불안해하면서도 받아들였다.

이윽고 무함마드가 첫 번째 방문자로 모습을 드러냈을 때, 모두들 그가 어느 누구에게도 편견을 갖지 않고 판단할 것이라며 안도했다. 임무를 맡은 무함마드는 돌(블랙 스톤)을 굴려 캔버스 천 위에 올려놓고 각 부족장들로 하여금 캔버스 천 끝자락을 잡고 모두가 하나가 되어 돌을 제자리로 운반하도록 했다. 모든 부족장은 영예가 자신과 함께하고 있으며, 누구도 그 영예를 능가하지 않음을 만족해 했다. 모두가 위협적인 상황이 기쁨으로 충만하게 바꾼 무함마드에게 깊이 고마워했다.

무함마드가 처음으로 마디나*Madinah*에 도착했을 때 역시 똑같은 민감한 인식이 존재했다. 그를 따뜻하게 맞아들이던 무슬림들은 모두 자신의 집에 무함마드를 영접할 영광

꾸란과 순나

을 누리고자 했으며 마지막에는 각 부족장들 간 경합까지 있었다. 선지자는 스스로 결정하지 않겠노라며 자신의 낙타가 멈추는 곳에 머무르겠다 했다. 마디나 길거리를 한 동안 돌아다니던 낙타는 아므르^{Amr}의 두 아들 사흘^{Sahl}과 수하일^{Suhayl}의 집 공

1459년 방글라데시 클루나 주 사트굼바드 모스크 내부 전경.

터에서 멈췄다. 선지자는 땅 값을 지불하고 거기에 첫 번째 마스지드^{모스크, 성원}를 세웠다.

　공동체의 어느 한 부족장이나 어느 한 조직을 더 편애하지 않는 것처럼 무함마드는 늘 자신을 위한 어떠한 특권도 주장하지 않으려 조심했다. 그는 자신을 일반 동료들과 동등하다고 여겼다. 어느 군사 작전 중 식사 시간이 되어 동료들 모두 자기들이 준비하겠다고 나섰다. 자기들끼리 일을 분담하면서 선지자가 해야 할 일은 남겨 놓지 않았다. 그 와중에 (가장 힘들어 누구도 기꺼이 나서지 않은 일이었던) 땔감 모으는 일을 놓쳤다는 사실을 알아챈 무함마드는 "내

가 나무를 모아 오겠소” 했다. 지도자란 늘 부하와 동료 사이에서 그들의 사랑과 존경을 받을 만한 귀감이 있어야만 한다는 것이 그의 입장이었다. 그는 '하디스'에서 다음과 같이 표현했다.

"사람들로부터 미움받는 지도자의 기도는 하나님께 받아들여지지 않습니다."
"따라서 누구라도 사람들 뜻에 반대하여 다스린다면 그의 기도는 결코 그의 귀 밑에 다다르지 못할 것입니다".

선지자적 지위나 국가 수반으로서의 그의 신분조차도 그가 다른 이들에 대한 동등한 대우를 막지는 못했다. 실제로 무슬림들로 하여금 같은 식탁에서 노예나 하인과 함께 식사를 하고, 자신들과 똑같은 옷을 입히도록 하며, 노예나 하인이라고 부르는 대신 아들이나 딸로 부르면서 그들을 마님 대신에 삼촌이나 숙모라 부르도록 가르친 이도 바로 그 자신이었다. 어느 날 장터에서 무함마드가 단골로 드나들던 상점 주인이 그의 손등에 입을 맞췄다. 무함마드는 손을 거둬들이며 말했다.

"이것은 페르시아인들이 자기 왕에게 하는 짓이요. 나는 왕이 아닐 뿐더러 당신도 페르시아 사람이 아닙니다."

마찬가지로, 기병 공격에 대한 방어책으로 마디나^{Madinah} 취약 지구 앞에 도랑을 파느라 무슬림들이 동원됐을 때 무함마드는 자기도 손을 보태겠노라 했다. 이런 자질은 그가 선지자로서 선택되기 훨씬 이전부터 그의 동료나 지인들로부터 사랑받게 한 모습이었다. 자이드^{Zayd}는 매매를 위해 마카로 데려온 성인 노예였다. 카디자^{Khadijah}가 그를 구매해 무함마드에게 선사했는데 곧바로 해방시켜 자기 조수로 삼았다. 얼마 후, 아들의 몸값을 지불하기 위해 찾은 자이드의 아버지가 아들이 이미 자유롭다는 것을 알고 집에 데리고 가겠다 했다. 무함마드는 자이드에게 자기와 남건 아니면 가족들과 함께 집으로 돌아가건 마음대로 선택하도록 했는데, 자이드는 무함마드 곁에 남기로 결정했다.

마카에서 자신의 신변 보호를 위해 가문의 도움을 요청했는데, 그의 가문 바누 하심$^{Banu\ Hashim}$은 여러 해에 걸쳐 마카의 다른 부족들로부터 그를 보호할 수 있었지만 그에 따른 비난과 조롱, 상처와 경제 제재 등 대가를 치뤄야만 했다. 무슬림들의 숫자는 너무도 적고 약하건만 마카의 적대자들 세력은 점점 더 강해지고 있었다. 상황은 곧 위급해지고 가문의 지도자는 조카인 무함마드에게 이 상태의 종식을 요청하게 되었다. 하지만 무함마드는 거절하며 생명

표. 3 초기 칼리프 계보

A. 마디나의 정통 칼리프 계보(히즈라 11~41년/서기 632~661년)

칼리프	시대
아부 바크르 알 시디크*Abu Bakr al Siddiq*	히즈라 11~13(서기 632~634)년
우마르 이븐 알 카타브*Umar Ibn al Khattab*	히즈라 13~24(서기 634~644)년
오스만 이븐 아판*Uthman ibn Affan*	히즈라 24~36(서기 644~656)년
알리 이븐 아부딸리브*Ali ibn Abu Talib*	히즈라 36~41(서기 656~661)년

B. 우마위 왕조. 다마스쿠스(히즈라 41~133년/ 서기 661~750년)

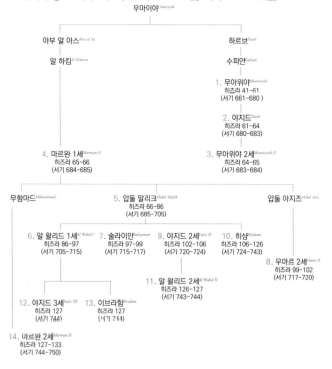

꾸란과 순나

C. 우마위 왕조, 스페인 코르도바(히즈라 139~423년/서기 756~1031년)

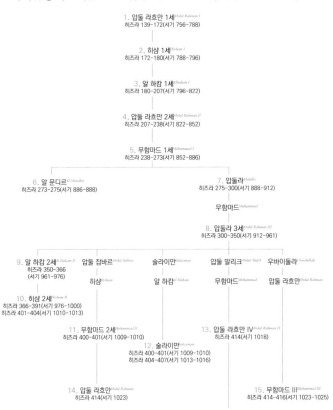

1. 압둘 라흐만 1세Abdul Rahman I
히즈라 139-172(서기 756-788)

2. 히샴 1세Hisham I
히즈라 172-180(서기 788-796)

3. 알 하캄 1세Al Hakam I
히즈라 180-207(서기 796-822)

4. 압둘 라흐만 2세Abdul Rahman II
히즈라 207-238(서기 822-852)

5. 무함마드 1세Muhammad I
히즈라 238-273(서기 852-886)

6. 알 문디르Al Mundhir
히즈라 273-275(서기 886-888)

7. 압둘라Abdulla
히즈라 275-300(서기 888-912)

무함마드Muhammad

8. 압둘라 3세Abdul Rahman III
히즈라 300-350(서기 912-961)

9. 알 하캄 2세Al Hakam II
히즈라 350-366
(서기 961-976)

압둘 잡바르Abdul Jabbar

술라이만Sulayman

압둘 말리크Abdul Malik

우바이둘라Ubaidullah

히샴Hisham

알 하캄Al Hakam

무함마드Muhammad

압둘 라흐만Abdul Rahman

10. 히샴 2세Hisham II
히즈라 366-391(서기 976-1000)
히즈라 401-404(서기 1010-1013)

11. 무함마드 2세Muhammad II
히즈라 400-401(서기 1009-1010)

13. 압둘 라흐만 IVAbdul Rahman IV
히즈라 414(서기 1018)

12. 술라이만Sulayman
히즈라 400-401(서기 1009-1010)
히즈라 404-407(서기 1013-1016)

14. 압둘 라흐만Abdul Rahman
히즈라 414(서기 1023)

15. 무함마드 IIIMuhammad III
히즈라 414-416(서기 1023-1025)

16. 히샴 3세Hisham III
히즈라 418-423(서기 1027-1031)

D. 압바스 왕조, 알 쿠파(히즈라 133~149년/서기 750~766년), 바그다드(히즈라 149~657년/서기 766~1258년)

1. 마카 계보

2. 칼리프 계보

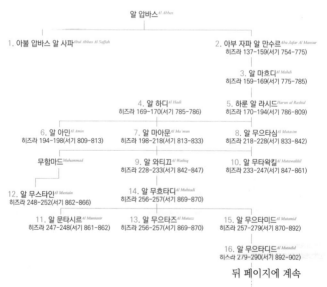

뒤 페이지에 계속

꾸란과 순나

앞 페이지에 이어

17. 알 무끄타피 *Al Muqtafi*
히즈라 290-296(서기 902-908)

18. 알 무끄타디르 *Al Muqtadir*
히즈라 296-320(서기 908-932)

19. 알 까히르 *Al Qahir*
히즈라 320-323(서기 932-934)

20. 알 라디 *Al Radi*
히즈라 323-329(서기 934-940)

21. 알 뭇따끼 *Al Muttaqi*
히즈라 329-333(서기 940-944)

23. 알 무티 *Al Muti*
히즈라 335-364(서기 946-974)

22. 알 무스탁피 *Al Mustakfi*
히즈라 333-335(서기 944-946)

24. 알 타이 *Al Ta'i*
히즈라 364-381(서기 974-991)

25. 알 까디르 *Al Qadir*
히즈라 381-423(서기 991-1031)

26. 알 까임 *Al Qa'im*
히즈라 423-468(서기 1031-1075)

무함마드 *Muhammad*

27. 알 무끄타디 *Al Muqtadi*
히즈라 468-487(서기 1075-1094)

28. 알 무스타히르 *Al Mustazhir*
히즈라 487-512(서기 1094-1118)

29. 알 무스타르쉬드 *Al Mustarshid*
히즈라 512-530(서기 1118-1135)

31. 알 무끄타피 *Al Muqtafi*
히즈라 531-555(서기 1136-1160)

30. 알 라쉬드 *Al Rashid*
히즈라 530-531(서기 1135-1136)

32. 알 무스탄지드 *Al Mustanjid*
히즈라 555-566(서기 1160-1170)

33. 알 무스타디이 *Al Mustadi'*
히즈라 566-576(서기 1170-1180)

34. 알 나시르 *Al Nasir*
히즈라 576-622(서기 1180-1225)

36. 알 무스탄시르 *Al Mustansir*
히즈라 623-640(서기 1226-1242)

35. 알 자히르 *Al Zahir*
히즈라 622-640(서기 1226-1242)

37. 알 무스타심 *Al Mustasim*
히즈라 640-656(서기 1242-1258)

이 다할 때까지 투쟁할 것을 맹세했다. 무함마드는 삼촌이 비록 자신을 지원하기 위해 마카 부족의 최후통첩을 거절했지만, 결정적 순간이 다가왔다는 사실과 바누 하심 사람들이 자신 때문에 마카 연합군에 대적할 만한 상대가 되지 못한다는 사실도 잘 알고 있었다. 그가 망설임 없이 마디나 *Madinah* 무슬림들과 연속적으로 맺은 두 번의 서약은 이 같은 상황을 미리 대비한 그의 예지력이었다. 바누 하심의 지원을 포기할 수밖에 없다면, 부족 관계를 정리함으로써 마디나 사람들로 하여금 마카 사람들에게 대항하는 힘을 강화시켜야 했다. 확실히 그의 예감은 정확했고 전략은 시의적절했다. 두 가지 모두 그의 리더십의 소중한 요소였다.

622년 여름, 마디나에 도착한 무함마드는 도시의 두 주요 부족을 서로 화해시키고 이들을 병합하여 최초의 이슬람 정치를 구현했다. 그들의 소외감과 상호 적대는 전통적인 것이었으나 무함마드는 증오를 존중과 사랑과 존경으로, 이간을 배려로, 분열을 단결로 바꾸었다. 그는 또 원주민인 마디나 사람들(알-안사르)과 고향을 떠나 빈손으로 궁핍하게 이곳으로 찾아온 마카인들(알-무하지룬)의 통합을 이루었다. 마디나의 모든 집들은 마카에서 온 개인이나 가족들에게 가정을 열어 줌으로써 간정에 호응했다. 이는 부족장과 귀족, 평민과 노예, 부자와 빈자, 원주민과 타지인의 통합으로 출신과 업적의 차이를 초월하는, 종교적 충실함이 유기적인 사회 경제적, 정치적, 군사적 통합으로 자생적 믿음의 유대가 형성된 새 사회 구성의 첫 사례였다. 이 연합이 무슬림들에게만 제한된 것은 아니었다. 무함마드는 유대인들도 설득하여 합류시켰는데, 그들은 새로운 사회 질서의 필수 구성원이 되었다. 그들 역시 마디나의 무슬림이나 아랍인처럼 자신들의 정체성을 지켰다. 가장 영향력 있는 두 지배 부족은 알 아우스^{Al Aws}와 알 카즈라즈^{Al Khazraj}였는데, 나중에는 모든 분쟁과 전쟁에 연루되었다. 무함마드의 지도력은 그들 모두를 한 지붕 아래 불러 모아 세계 최초로 하나의 초교파적 다원주의 사회로 결합시킬 수 있을 만큼 강했다. 그들 연합을 공식화하고 합의 사항을 기록하기 위해 무함마드는 마디나 서약을 명문화했는데 인류 역사상 처음 기록된 법전이었다. 이 헌법의 공표는 최초의 다종교 세계 질서로서 이슬람 국가 출범의 선포였다.[12]

무함마드는 지혜와 설득력으로 이 모두를 이끌어 냈다. 그에게는 누구를 강요할 만한 힘이 없었다. 또한 백성들이 따르지 않는 통치자가 성공할 수 없듯, 구성원들이 전적으

---

12 Ibn Ishaq, *Sirat*, Vol. II, pp. 348–357; Haykal, *The Life of Muhammad*, pp. 180–183.

로 원하지 않는 한 연합이 존립할 수 없다는 사실도 잘 알고 있었다. 새로운 사회는 슈라*shura*(꾸란 42장 38절에 설명한 것처럼 합의에 이르기 위한 동료들 간 협의)뿐 아니라 무슬림 역사 전반에 걸친 정치 활동의 규범으로서 지속적으로 역할해 온 여러 원칙에 기반을 두고 있다. 그 밖에 이 원칙에는 다음을 포함한다.

사회 질서는 절대적으로 요구된다.

"만약 세 사람이 임무에 나서게 되더라도, 반드시 그들 중 첫 번째 리더(칼리파)와 두 번째 후계자를 지정해야만 한다."[13]

이것은 '지도자 없는 단체는 목동 없는 양떼와 같다'는 삶의 필수 불가결한 조건으로 사회 질서를 언급한 메소포타미아의 오래된 원칙이다.[14] 움마*ummah*는 명분을 지닌 사람들이 시공간의 임무를 완수하기 위하여 함께하지만, 그렇기에 반드시 지시되어야만 한다. 무함마드는 말했다.

"부당한 이맘*imam*이라 할지라도, … 누구든 자기 마음대

....
13 아흐마드 이븐 한발(Ahmad ibn Hanbal)이 *Al Musnad* (Cairo: Dar al Ma'arif, n. d.), Vol. 2, p. 176에서 압둘라 이븐 알-아스(Abdullah ibn Amr ibn al-As)의 하디스를 전했으며, 같은 내용이 아부 다우드(Abu Dawud)의 알-수나(al-Sunan)에 인용되었음.

14 Thorkild Jacobsen, "Mesopotamia: The Good Life," in H. Frankfort(ed.), *Before Philosophy* (Baltimore: Penguin Books, 1964), p. 217.

로 법을 취하는 … 혼돈이나 무질서보다는 낫다. … 당연
히 그런 경우가 바람직한 것은 아니지만, 그럼에도 불구
하고 공정치 못한 정부가 사회의 필수 선善을 이행하기도
한다."

무엇보다 질서와 공정을 함께 이행하는 정부가 최선이다.
그런 상태에서 하나님 율법을 위배하지 않는 한 통치자에
게 복종하는 것이 종교적 의무이자 시민으로서의 의무이
다. 국가가 하나님 율법을 벗어난다면 불복종이 요구된다.
하지만 그러한 상황이 악용될 소지가 있으므로 무함마드
는 이에 대해 주의 깊게 경고하였다. 그는 분명하게 쿠프란
바와한 피히 부르한*kufran bawahan fihi burhan*'(발생한 일이 명백히
하나님 율법을 위배한다는 증거 확인)이 아닌 한, 우리는
결코 정부 행위의 타당성에 대한 의문을 제기할 수 없다고
지시했다.[15] 이런 한계 내에서 모든 무슬림이나 시민은 목회
책임이 있는 목회자요, 국가의 통치자이며, 집안의 아버지
요, 가정과 자식들의 어머니이며, 고용주의 이익을 보살피
는 종업원이다.[16] 지도부의 가장 중요한 임무는 이슬람이 규
정한 목표를 향해 국가의 뱃머리를 맞출 뿐 아니라, 약자와

15 부카리와 무슬림과 아흐마드 이븐 한발 하디스에서 인용됨.
16 무슬림 하디스에서 인용됨.

가난한 자와 궁극적이고 개인적인 목표를 달성하는 데 도움이 필요한 사람들을 돌보는 것이다. 무함마드는 선언했다.

"이런 기능을 성취하는 지도자들은, 불덩이로부터 보호를 보장받았습니다."

그리고 역사는 그들 중 약자를 보살피지 않던 사회들을 전혀 고려하지 않는다. 선지자는 말했다.

"사실이지, 사회가 그들 약자를 보살피는 만큼 그 잣대로서 하나님께서는 베푸시며 도움과 승리를 주실 것이요. … 누구라도 약자에게 지비롭지 않다거나 어른을 존경하지 않는다면 우리에게 속하지 않은 사람이요."

무엇보다 사회 질서는 모두를 위해 공정하게 펼쳐져야 한다. 불공정을 당한 희생자의 외침에 부응하는 것은 무슬림이건 아니건 너나 없이 중요하다. 선지자는 단언했다.

"그 외침과 하나님의 소리를 구분 짓는 것은 아무것도 없습니다."

사회 질서를 위한 리더십은 국민에 대한 봉사를 극대화하고 비용을 최소화할 수 있도록 행정을 징비해야만 한다.

이 목적을 이루기 위해서는 역량을 고용 기준으로 삼아야한다. 선지자는 단언했다.

> "아무리 작은 액수라도 공익 사업의 책임자를 다른 기준으로 임명한다면, 이는 하나님과 선지자와 움마에 대한 반역입니다."

통치자는 자신의 행위에 대해 모든 사람에게서 책임을 구하되, 의도에 대한 심판은 하나님에게 맡겨야 한다. 그러나 만약 통치자가 사람들을 의심하기 시작하거나 서로를 의심하도록 몰아붙인다면 그 나라에는 부패가 만연하게될 것이며 파멸로 이어질 것이다. 통치자는 늘 화해와 통합을 추구해야 한다. 만약 두 파벌 사이에 분쟁이 일어난다면 공정한 해결책으로 그들을 이끌어야 하며, 그 해결책에 반항하는 자가 생길 때에는 움마 전체가 반항자에 대응하여 정신을 차리게 만들어야 한다.[17]

공평함은 분명 이슬람의 첫 번째 사회적 이상이다. 이를 위반했을 때 야기되는 무슬림들의 분개와 이를 지키고 방어하려는 열의는 따우히드 *tawhid, 하나님의 유일성*에 헌신하는 마음에 전혀 제한되지 않는다. 하지만 모든 가치와 마찬가지로

---

17 꾸란 49장 9절.

정의를 추구함에 있어서도 억압적일 수 있다. 그런 까닭으로 공정을 추구함에 있어 연민과 자애심을 잊어서는 안 되는 것이다. 이런 깨달음은 굶주린 이, 연약한 이, 억압받는 이들의 요구에 대한 일상적 감수성을 지닌 무함마드로 하여금 다음과 같이 선언하도록 자극했다.

> "당신께서 인간을 만드시면서 늘 자비를 베푸시겠다고 하나님 자신에게 맹세하셨으니, 하나님께서 말씀하시기를 '나의 자비는 나의 노여움을 압도하는도다' 하셨습니다."

자신의 통치 원칙에 대하여 무함마드는 다음과 같이 말했다.

> "하나님께서는 나를 광신적 통치자나 광신도로서 보내신 것이 아니라, 사람들이 편히 살 수 있도록 교육하는 안내자로서 보내신 겁니다."

이제까지 언급한 모든 사실들은 순나가 이슬람의 개인적, 내적 사회 윤리에 관련된 가치들을 구체화한다. 이것은 마카 시대의 성과였다. 하지만, 이슬람의 외적 사회 윤리는 마디나로 히즈라^{Hijrah, 성천, 聖遷}하여 주권 국가인 움마가 건립될 때까지는 작동할 수 없었다. 이 일이 생기기 전까지 움마는 그저 잠재적으로만 존재했으며, 움마로서의 특혜를 행사할 수 없을 정도로 탄압의 대상이었다. 그러므로 히즈라 이후 선지자의 첫 번째 관심사라면 내부 질서가 확립되고 모든 사람들이 자기 위치에 배정된 후 바깥세상으로 눈을 돌리는 것이었다. 분명히 드러난 가장 시급한 외부 문제는 히즈라 전날 밤 무함마드를 암살하기로 결정한 마카 지도자들의 호전적 적대감이었다. 그날 밤, 저들 계획을 눈치 챈 선지자는 사촌 알리^{Ali}를 자기 침대에 눕히고 무함마드 자신의 초록 망토를 덮음으로써 저들 주의를 다른 곳으로 돌리고자 했다. 무함마드와 아부 바크르$^{Abu Bakr}$는 한밤의 어둠 속으로 빠져나갔다. 힘으로 밀어붙여 문을 열고 장검을 들이대며 망토를 끌어내린 마카인들이 찾은 것은 원하던 사람 대신 알리였다.

당시 대부분의 무슬림들은 마카를 떠나 마디나에 가 있었다. 그들의 친척과 재산은 남겨진 채였다. 마카인들은 남아 있는 친척들을 괴롭히고 재산을 몰수하는 데 만족해야 했다. 마카에서 이주한 무슬림들은 빈손이었기에 마디나 주민들의 환대에 의지해야만 했다. 그들에게 마카인들이 몰수한 자신들의 재산을 되찾겠다는 생각은 자연스러운 것이었다. 마카의 카라반들은 남북으로 물자를 나르며 마디나를 통과했다. 무슬림들은 할 수 있는 한 장악하려 했고, 마카인들은 전쟁에 동원되었다. 그 결과 무슬림들은 그들의 적과 첫 번째 군사적 대결에 휘말리게 되었다. 선지자가 이끄는 300명의 무슬림들은 바드르^{Badr}에서 1,000명이 넘는 마카 군대를 만났다. 양측 모두 이번의 대치를 향후 대세를 가를 결정적 순간이라 생각했다. 마카 부족이 최고의 전사들을 준비하는 동안, 선지자는 동료들의 사기를 가능한 최고의 수준으로 끌어올렸다. 그리고 큰 소리로 하나님께 기도 드렸다.

"하나님이시여, 여기에 마카인들이 들어와 당신의 선지자를 거짓되게 만들고 당신의 종복들을 말살시키려 합니다. 만약 저들이 오늘 승리한다면 당신께서는 이 땅에서 흠모받지 못할 것입니다. 우리에게 당신의 도움과 승리를 허락하옵소서. 오직 당신께서만이 우리의 주님이시요, 도움이시며 구원이십니다."

그리고는 무슬림들을 향해 돌아서서 말했다.

"하나님께서 우리 기도에 응답하시어 승리를 허락하셨으니 다가오는 전쟁에서 목숨을 잃는 사람이라면 모두 천국과 영생을 이루리라."[18]

명분은 신성하지만 그 전략은 인간적이라고 선언한 선지자의 군사 작전은 동료들로부터 신임받지 못했다. 협의 결과, 무슬림들은 자신들 각자의 병력을 서로 달리 포진하기로 결정했다. 전투는 오후에 격렬하게 전개되었으며 양측 모두 큰 손실을 봤다. 결국 무슬림들이 승리를 거두었다. 적군의 압도적 수와 무장에도 불구하고 무슬림들로 하여금 적을 물리칠 만큼 용감히 싸움에 나서게 만든 것은 기적 같은 색다른 에너지의 주입이었다. 그러나 무슬림들은 너무도 지친 나머지 마카인들을 계속 추적하여 승리를 압박해 낼 수 없었다. 비록 전쟁에서는 아니지만 전투에서의 승리에 만족하며 마디나로 돌아갔다. 1년 후, 마카 부족은 또 다른 교전을 위해 마디나 외곽의 우후드*Uhud* 산기슭으로 돌아왔다. 무슬림들은 비록 그 전투에서 패했지만 마카 부족에 큰 손실을 입힘으로써 적들로 하여금 승리를 거둘 수 없게 하고, 마디나 점령도 무위로 돌렸다. 마카 부족들은 실수를 통해 얻게 된 교훈과 절박함으로 무함마드와 그의 활동에 대항하여 최후 결전을 시도했다. 이번에야말로 그들은 사실상 아라비아 전체 동맹을 동원해 이슬람 국가를

18 Ibn Ishaq, *Sirat*, Vol. 2, p. 457; Haykal, *The Life of Muhammad*, pp. 226–227.

파괴하고 무슬림들의 뿌리를 뽑아 자신들의 골칫거리를 완전히 끝내기 위해 마디나 성문 앞에 이르렀다. 그렇게 우세한 마카 군대에 대항해 싸울 수 없었던 무슬림들은 마디나 도시 안에서 숨죽여 있어야 했다. 서둘러 도시 한쪽 취약한 곳에 배수로를 파 방어해야 했는데, 여기에서 배수로 전투라는 이름이 붙여졌다.[19] 다행히도 무슬림들은 싸울 필요가 없게 되었다. 끔찍한 모래 폭풍이 그 지역을 휩쓴 것이다. 성곽과 집 안에 있던 무슬림들에게는 별 영향을 주지 않았지만, 폭풍의 길목인 마디나 남쪽에 넓은 아치형으로 진을 치고 있던 적들에게 아비규환의 혼란을 초래했다. 폭풍이 그들의 군막을 뿌리째 뽑았고, 대부분의 보급품을 파괴했다. 가까스로 도망칠 수 있었던 자들만 남고 원정대는 붕괴되었다.

이슬람 국가의 헌법인 '마디나 조약'은 유대인들을 국가 내 자치 공동체로 간주했다. 이는 랍비식 법정에게 모든 유대인 문제를 판결하고 해결할 수 있는 궁극적 권한을 부여한다는 뜻이었다. 로마인들에게 패해 흩어진 이래, 유대인 공동체의 존재와 토라 율법이 어떤 국가로부터 합법적으로 인정받은 것은 이번이 처음이었다. 그럼에 불구하고 이슬

----

19 Ibn Ishaq, *Sirat*, Vol. 3, pp. 699ff; Haykal, *The Life of Muhammad*, pp. 299ff.

람 국가에 대한 유대인들의 충성심은 언제나 흔들렸다. 선지자는 최초에는 그들에게 경고만 하다 결국 몇몇을 추방했으며, 이어서 추가로 추방하고 결국에는 그들 재산을 몰수했다. 그들은 다시 배수로 전투에서 기만적인 역할을 시도했지만 적들이 모래 폭풍 속에서 붕괴되면서 남은 건 오직 좌절뿐이었다. 이에 선지자는 그들 몇몇을 처형하고 나머지는 마디나에서 추방했다. 카이바르^{Khaybar}로 유배된 후에도 이슬람 국가에 대한 그들의 음모는 계속되었다. 이에 따라 유대인들을 아라비아 반도로부터 완전히 몰아내는 운동이 요구되었다. 기독교 비잔티움 통치하에 있었던 그들의 운명이 더 나아질 게 없었다. 어찌 되었건 '비옥한 초승달 지대(나일강과 티그리스강과 페르시아만을 연결하는 고대 농업 지대)'가 이슬람 군대에 의해 평정되었을 때, 마디나 조약에 따른 신분은 아라비아 반도 무슬림들과의 문제와 상관없이 또다시 그들에게 제기되었다.

배수구 전투 후 몇 달이 지나 성지 순례^{hajj} 기간이 되었을 때, 선지자는 동료 무슬림들과 함께 순례 의식을 치르기로 결정했다. 그는 아랍 모든 부족이 순례를 함께하도록 초청하였는데, 부분적으로는 아브라함 전통이 새겨져 있는 카아바^{Kabah}에 헌정을 표하면서, 다른 한편으로는 무슬림들이

브루나이의 자미 모스끄.

마카와 마카 전통을 무시한다는 그들 주장을 반증하기 위함이었다. 마카 외곽에 도착했을 때, 마카 부족들은 무슬림들이 침공하는 것이라 여겨 방어를 위한 군대를 동원했다. 선지자는 이미 이번 여행의 목적이 종교적 의도라고 선언했지만 마카 부족은 그 말을 믿으려 하지 않았다. 그들은 무슬림들이 일단 들어오게 되면 도시를 점령할 것이라고 두려워했다. 따라서 무슬림들은 들어올 수 없으며 순례도 허락하지 않는다고 결정했다. 이 행사는 양측 간 입장에 따른 약간의 협상이 요구되었는데, 후다이비아 *Hudaybiyah* 조약으로 알려진 합의로 이어졌다. 조약 내용은 무슬림들에게 굴욕감을 주었다.

첫째, 그해에는 무슬림들이 순례를 할 수 없으며 다음 해에는 오는 게 허락되지만 무기가 없어야 하며, 3일 이상 머무를 수 없다.

둘째, 그들과 함께 있는 마카인들은 마카로 되돌려 보내고, 마카로 귀순

꾸란과 순나

하는 무슬림들은 마디나로 돌려보내지 않는다.

셋째, 도시에 합류하려는 마카 밖의 아랍인들을 허용하며, 무함마드와
    함께하려는 사람들 역시 허용한다.

넷째, 향후 10년간 양측 누구도 상대방을 공격하지 않는다.

  선지자는 이 조건을 묵시적으로 받아들였다. 이슬람이
개인의 신념과 신앙 문제인 만큼 이슬람을 선택한 마카인
이라면 마카에서의 거주를 강요받는다 할지라도 변절하지
않을 것이며, 마디나에 머무르는 변절자라면 쓸모가 없을
뿐더러 오히려 해로울 수도 있으리라 생각했다. 그는 또 부
족들이 저마다 독립적 실체임을 깨달았다. 그들 자신이 마
카로의 합류를 원한다면 누구도 무력으로 막을 수 없지만,
이슬람 대열에 합류하도록 설득할 수 있다는 가능성은 오
히려 분명한 이점으로 작용할 수 있을 것이다. 10년간의 평
화라면, 이것이야말로 선지자가 엄청난 이득으로 여겼으
니, 평화야말로 이슬람 메시지를 아라비아 전역에 전파하
는 데 꼭 필요한 것이기 때문이었다. 마찬가지로 그는 또 아
랍 사람들 모두 평화로운 분위기에서 이슬람 메시지를 직
접 받을 수 있는 성지 순례를 위해 1년 연기에 동의하고,
그러므로 조약에 서명했다. 조약 전체를 폭력적으로 대응

할 만큼 모욕으로 간주한 원로위원들은 그렇지 않았다. 무슬림들 사이 내분과 반란이 임박했다. 더군다나 마카인들이 저지른 지난 기만 행위는 무슬림들에게 신뢰할 만한 여지를 전혀 남겨 두지 않았다. 마카인들은 무슬림 대표 우스만 이븐 알-아판*Uthman ibn Affan*을 필요 이상으로 붙잡아 놓았으며, 그런 까닭에 그가 살해당했다는 소문을 낳게 만들었다. 만약에 마카 부족이 그들 자신에게 유리한 장소와 유리한 시간을 택해 무슬림을 기습 공격한다면 어찌될 것인가? 어떻게 해야 평화 조약에 믿음을 줄 수 있을까?

양측 대표가 자기 진영에서 대치하는 동안 선지자는 최측근 동료들을 나무 아래로 불러 모아 이성을 되찾게끔 그들과 함께 앉았다. 하나님께 대한 믿음으로 그분과 평화를 확신할 것이며, 동시에 마카 사람들이 기만 전술로 나온다면 마지막 한 사람까지 싸울 준비를 마치도록 요구했다. 마침내 무함마드는 선지자적 권위를 재확인하며, 무슬림 자신들의 목숨까지도 바칠 것을 포함해 모든 것을 복종하기로 맺은 언약을 상기시켰다. 문제가 생길 때마다 늘 그래왔듯, 아부 바크르*Abu Bakr*가 제일 먼저 자신의 맹세를 재확인하며 우마르 이븐 알-카땁*Umar ibn al Khattab*에게도 맨 처음 이슬람에 들어설 때 맹세했던 자기 언약을 저버리지 말도록 경고했다. 따라서 우마르도 다시 복종을 다짐했고, 나머지 동료들도 순순히 뒤따랐다. 나중에 바이야트 알-리드완^{Bayat al Ridwan} 또는 '만족할 만한 맹세'라 불리는 이 서약으로서 진영을 단결시킨 선지자는 마카와의 협약에 조인했다. 대표단은 무사히 진영으로 돌아왔고, 무슬림들은 모두 마디나로 향한 여정을 시작했다.

돌아오는 길에 꾸란 알 파드^{Al Fath} 장이 계시되었는데 그 구절은 다음의 말로 시작된다.

"그대들에게 분명하고 확실한 승리를 안겨 주었으니, 그대들의 과거와 현재의 부족함을 용서했으며 모든 은총을 그대들에게 베풀어 올바른 길로 인도하는도다."[20]

이 계시로서 무슬림 마음속에 남겨져 있던 '후다이비야^{Hudaybiyah}' 조약의 가치에 대한 일말의 의심은 여지 없이 사라지게 되었다. 그리고 그 효과는 다음 해에 실제로 나타났다.

첫 번째로 이슬람과 그 선지자와 주권 국가로서의 공동체인 움마는 더 이상 마카인들이나 그들 동맹은 물론 꾸라이쉬^{Quraysh} 부족으로부터 별 볼 일 없는 존재나 도망자로 간

....

20 꾸란 48장 1절.

주되지 않고 직위, 정당성, 권리가 마카인들과 동등한 정치적 실체로서 간주되었다. 둘째, 이 협약으로서 무슬림의 카아바 출입과 마카의 성지 내에서의 순례와 예배드릴 권리가 인정되었다. 셋째, 평화는 무함마드로 하여금 생명에 대한 위협 없이 아라비아 전 부족에 메시지를 보낼 수 있는 자유가 허락되었다. 후다이비야 조약 체결 후 2년 동안 아라비아에 이슬람 메시지를 전했으며 부근 대다수가 이슬람을 받아들였다. 마카인들이 후다이비야 조약을 위반함에 따라 무함마드는 마카 진군을 위해 무슬림들을 소집하였는데 지원 숫자가 너무 많아 마카는 어떤 전투조차 없이 평정되었다. 후다이비야 조약이 가져다 준 평화는 무함마드로 하여금 아라비아뿐 아니라 그 너머 아비시니아, 이집트, 비잔티움, 페르시아, 그리고 반도 가장자리에 있는 부족들에게 사절단을 보낼 수 있는 자신감을 주었다. 후다이비야 조약이 아니었더라면 마카 평정이 그렇게 빨리 오지 않았을 것이며 무혈입성 또한 불가능했을 것이다.

후다이비야 조약으로 평화를 정착시킴으로써 무슬림은 위협적 존재로서가 아니라 우호적으로 이슬람을 권할 수 있게 되었다. 전쟁과 적개심은 더 이상 문제 되지 않았으며 갈등은 이제 개인적 이성과 양식에 의한 이상적 문제로 스스로 해결되었다. 하나님은 신일까, 신이 아닐까? 만약 그분께서 유일한 창조주시라면, 그런데도 유일한 주님이나 심판관이 될 수 없다는 건가? 예배와 경배와 헌신과 봉사와 충심과 믿음을 그분께 바쳐서는 안 된다는 말인가? 정의와 자비와 절제가 미덕이라면, 그러함에도 이들이 모든 상황에서 하나님 계명으로서 순종할 수 없다는 건가? 또한 문학적 표현력이 가장 고귀하면서도 독보적인 가치를 지닌 꾸란이라면 초자연적 작품으로서 하나님의 계시로 여길만큼 숭고한 것이 아니라는 말인가? 이슬람의 이 멋진 논리는 이후로도 수천만 명을 설득한 것과 마찬가지로 아랍 반도의 사람들을 곧바로 설득했다. 새로운 사람들이 매일 움마로 모여들어 눈덩이처럼 불어나더니 이슬람은 곧 바로 아라비아 대부분 지역에서 영향력 있는 목소리가 되었다.

마카 부족의 아부 바시르 *Abu Basir* 는 이슬람을 받아들인 뒤 마디나로 피신을 했다. 마카인들은 조약 내용대로 그의 송환을 요구했다. 무함마드는 아부 바시르를 불러 말했다.

"우리 무슬림들은 남을 속이지 않습니다. 피신한 무슬림들을 돌려보내기로 했으니 당신을 마카로 돌려보내야만 합니다. 마음 단단히 하고 되돌아가십시오. 하나님께서 돌보아 주십니다."

아부 바시르는 마카 사절단의 포로가 되어 떠났다. 마카로 가는 길 중간에 아부 바시르는 호송자와 격투를 벌여 칼을 빼앗아 죽이고 달아났다. 이슬람을 받아들이는 마카인의 숫자는 계속 불어갔다. 마카에 계속 머물다가는 목숨이 위태로울 수 있어 사막으로 피신한 그들은 마카의 카라반 행렬을 기다렸다. 이들이 마카의 카라반 통행에 막대한 지장을 주어 감당할 수 없었으므로 조약 조건을 변경해 이슬람을 선택한 마카인들을 무함마드의 책임하에 두고 해당 조약 조건에 따라 그들을 통제해야 한다고 선지자에게 간청했다. 무슬림들이 굴욕적이고 불쾌하게 여겼던 조약의 조건이 무슬림들에게 유리하고 마카 부족에게 불리한 것으로 판명된 일은 참으로 아이러니였다. 마카 부족은 그 판결을 받아 낸 수하일 이븐 아므르 *Suhayl ibn Amr* 를 사절단으로 보내 조약 조건의 폐지를 간청했다.

다음 순례 기간이 곧 다가왔으므로 무함마드는 모든 무슬림들에게 하지 *haji* 순례 근행을 함께하도록 알렸다. 수천 무슬림들이 호응하여 떠날 준비를 했다. 무함마드는 순례를 위한 복식, 의식을 행하는 법, 말하고 행동하는 법을 그들에게 가르쳤다. 재봉하지 않은 두 장의 하얀 천으로 된 이흐람 *ihram* 을 걸치고 "랍바이카 알라훔마 랍바이카 *Labbayka*

Allahumma Labbayka (하나님이시여, 당신 부름을 받고 왔습니다)."
라고 찬송하며 긴 행렬을 이뤄 마카로 입성하는 광경은 아
랍인들에게 경외심을 불러일으키고도 남았을 터였다. 이는
무슬림들에 대한 깊은 존경심과 새로운 종교 이슬람에 대
한 깊은 경외감을 불러 일으켰다. 마카인들은 자신들의 도
시를 피해 성지가 내려다보이는 산에 자리 잡았다. 무슬림
들이 카아바를 돌기 시작하자 무함마드는 그들에게 찬송
을 가르쳤다.

알라후 아크바르 *Allahu Akbar*, 알라후 아크바르, 알라후 아크바르
위대하신 하나님, 위대하신 하나님, 위대하신 하나님.

알라후 아크바르, 알라후 아크바르, 와 릴라힐 함드 *Wa Lillahi-l-hamd*
위대하신 하나님, 위대하신 하나님, 모든 찬미를 바칩니다.

알라후 아크바르 카비란 *Allahu Akbaru Kabiran*
위대하신 하나님께서 진정 위대하시며

왈 함두 릴라히 카씨란 *wal hamdu lillahi kathiran*
모든 찬미는 하나님께 속해 있나이다.

와 수브하나 알라후 부끄라딴 와 아씰라 *Wa subhana Allahu bukratan wa asilan*
모든 아침과 저녁으로 하나님께 찬양드립니다.

라 일라하 일라 알라후 와하다 *La ilaha illa Allahu wahdah*
하나님 한 분 외에는 어떠한 신도 없나이다.

사다까 와아다, 와 아앗자 준다 *Sadaqa wadah, wa aazza jundah*
그분 약조는 진정이며, 그분 군대로서 강화하신다.

와 하자마 알 아흐자바 와흐다 *Wa hazama al ahzaba wahdah*

오직 그분께서만 마카와 그 동료들을 무찌르신다.

라 일라하 일라 알라후 와 나아부드 일라 이아 *La ilaha illa Allahu wa la na'budu illa iyyah*

하나님 외에는 신이 없음에 오직 그분만을 흠모하나니.

무클리시나 라훗디나 왈라우 카리하 알 무슈리꾼 *MukhlisÏna lahuddÏna walaw kariha al mushrikun*

아무리 모든 방해가 심하더라도 그분께 종교에서 순수하리라.

이 신앙 고백은 두려울 뿐만 아니라 매혹적일 만큼 솔직
했다. 무기를 들지 않았음에도 그 공격적인 어조는 적들 심
장에 공포감을 불러일으켰지만, 그 확고한 순수함으로 마
음을 움직여 그들이 오직 하나님만을 섬기려는 확고한 결
의와, 하나님께서 궁극적 승리를 이슬람에 안겨 주시리라
는 확신과 낙관에 동의하게끔 만들었다. 마찬가지로 하지
haji 순례 의식 자체도 카아바와 마카와 그들 아브라함 전통
에 대한 높은 무슬림들의 존중을 확인시켜 주었다. 이 모
든 것들이 더 이상 이슬람에 대한 저항을 불가능하게 만들
었는데, 결국 마카의 위대한 두 장수 칼리드 이븐 알 왈리
드 *Khalid ibn al Walid* 와 아므르 이븐 알 아스 *Amr ibn al As* 가 마카의 동
료들을 등지고 그들 앞으로 달려 나와 이슬람으로의 전향

을 선언하였다. 무함마드는 두 팔 벌려 맞이하며 그들을 의식에 참여하도록 초대했다.

마카 부족 연합의 군대가 마디나 동맹군을 공격한 것은 이 순례가 있은 지 불과 몇 달 뒤였다. 무슬림들은 마카 부족에게 후다이비아 조약에 따른 책임을 요구했다. 그러나 마카 부족이 이를 거부하면서 무슬림은 바로 전쟁을 선포했다. 며칠 만에 수만 명이 넘는 기마대와 수천의 낙타 부대를 앞세우고 보병 부대가 뒤를 이어 마카의 성문 앞에서 선지자의 명령에 따라 목숨을 바칠 준비를 하고 있었다. 압도당한 마카 사람들은 항복 외에 다른 수가 없었다. 선지자는 성 안으로 들어서 곧바로 카아바를 향했다. 자신이 손수 우상을 쳐부수고 잔재들을 청소하여 성소를 다시 만물의 유일하신 주님이시며 창조주 하나님께 바쳤다. 그렇게 작업하면서 그가 읊조렸다.

"진실이 명백해지고 거짓은 마침내 반박되도다."[21]

자신들 목숨이 걱정스러운 마카 부족의 지도자들은 두려움에 떨며 지켜 설 수밖에 없었다. 선지자는 그들을 불러 세워 평결을 듣도록 했다. 그들이 앞으로 나와 선지자 앞에

21 꾸란 17장 88절.

무릎 꿇었다. 선지자가 말 했다.

"일어나 가고 싶은 곳으로 가시오. 여러분은 이제 자유입니다."

선지자는 지도자와 모든 마카 부족에 대한 일반 사면을 선포했다. 승리의 정점에서 보인 무함마드의 이 관대함은 마지막까지 남아 있던 그들 마음속 저항감마저 소멸시켜 버렸다. 지도자들이 앞서고 뒤로 일반인들이 이슬람을 신앙으로서 선언했다. 이제 마카는 무슬림의 도시가 되었으며 성지는 이제 성스러운 이슬람 전당으로, 마카의 백성들은 가장 중요한 성지 수호자가 되었다.

마침내 국제 질서와 이슬람의 관련성을 순나*sunnah*가 구체화했다. 마디나 조약은 유대인들을 움마의 일원으로 인정하여 그들로 하여금 토라*Torah, 유대교 율법*가 명한 대로 그들 자신의 사법 재판소와 기관에서 제시한 삶을 살아갈 수 있도록 헌법 자율권을 부여했다. 이슬람은 연좌제를 거부하기에 일부 유대인들이 이슬람 국가에 대한 반역 행위를 저질렀을 때조차 그 헌법 조항은 바뀌지 않았다.

반역 행위는 그것을 저지른 자들의 행동이지 그들 자손들이 저지른 것이 아니기 때문이었다. 이 같은 헌법 조항은 선지자에 의해 나즈란*Najran*의 그리스도교인들에게 적용할 때도 추론되었다. 이들은 사절단을 마디나로 보내 자신들의 지위에 대한 확신을 받고 이슬람에 대해 묻고자 했다. 그리스도교 사절단은 선지자를 만나 환대를 받았으며 이슬람에 대한 설명을 들었다. 그들 중 몇몇은 곧 바로 이슬람을 받아들이고 즉시 무슬림 움마 소속으로 편입되었다. 그렇지 않은 그리스도교인들은 선지자에 의해 이슬람 국가 안에서 그 헌법에 따라 움마의 다른 한 행정구역으로 지정되었다. 그는 사절단을 예멘으로 보내 그곳 백성들이 무슬림들로부터 공격받지 않도록 하였으며, 교우들 중 아부 우바이다*Abu Ubaydah*를 그 나라 대표로 임명하여 동행하게 했다.

이렇게 해서 이슬람 국가는 선지자가 친히 계획하여 시행한 다종교 간 질서를 통해 정통 무슬림과 그리스도교인과 유대인들이 평화로운 질서 아래 화합하게 만들었다. 이러한 다원주의는 예의상 문제가 아닌 합헌적 문제로 음식이나 복장, 음악과 같은 이국적 풍습을 용인하는 따위의 문제가 아니라 비무슬림 종교계의 삶을 다스리는 법 전체의 집대성이었다. 이슬람 국가 다원주의는 법률의 다원주의이며 인류 역사상 그 어디에서도 찾아볼 수 없었던 혁신이었다. 마디나의 이슬람 국가는 온 세계가 추구해야 할 세계 질서의 축소판이었다. 나즈란의 그리스도교인들을 헌법 아래로 불러들인 일은 선지자 동료들과 그 후계자들에 의해 페르시아의 조로아스터와 힌두와 불교, 또 그 밖의 모든 종교에게 호의적으로 되풀이되었다.

마카와의 평화가 이루어지자 무함마드는 아라비아 근교 왕들에게도 이슬람으로 초대하는 사절단들을 보냈다. 그들이 이슬람을 받아들이지 않는다 할지라도 그들의 정치, 경제, 사회, 문화는 물론 심지어 군사 시설조차 온전하게 보존하면서 사상이 자유롭게 흐르고 인류 진리를 자유롭게 전하고 전달받을 수 있게 하자는 사절단의 제안에 이슬람과 국제 평화 조약을 맺고사 초대되었다. 이슬람 국가는 방방곡곡 어느 곳이건 사람들이 이슬람 소식을 받을 수 있게 노력했으며, 이를 받아들이건 거부하건 개인의 결정을 존중하였다. 어떠한 방식이건 그들을 예속하거나 착취할 생각은 애당초부터 없었다. 이것은 개인적 추구가 아닌 서로가 같은 하나님의 피조물로서 계시를 전달할, 동등한 자격의 인간으로서 실제 그들을 위한 것이었다. 이슬람 국가의 임무는 하나님 메시지를 전달하는 것으로 제한되었다. 그것을 받아들이거나 거부하는 것은 하나님 말씀^{꾸란 18} _{장 29절}대로 오로지 본인 몫이다. 그러나 그 어떤 권력이나 제도나 전통이라도 인간이 하나님의 부름을 듣고 생각하는 것을 막아서는 안 된다. 그런 만행은 사람들이 무능하기에 스스로 판단할 수 없다고 설정하는 것으로, 거짓이자 모욕인 것은 물론이고 일종의 영적 폭력이다.

그런 까닭으로 선지자가 보내는 사절단은 모든 통치자에게는 백성들에 대한 영적 복지의 책임이 지워진다는 말을 왕이나 지배자에게 전하도록 준비되었다. 비잔티움 황제와 이집트 통치자와 아비시니아*Abyssinia*의 네구스*Negus*가 친절한 말로 화답했다. 페르시아 황제와 북부 아라비아 완충국 통치자들은 경멸과 조롱으로 초대를 거절했다. 비잔티움의 속국인 다트 알 딸흐*Dhat al Talh*의 통치자는 그와 그 나라 백성에게 이슬람을 전하기 위해 파견된 선지자의 동료 15명을 모두 살해했다. 비잔티움의 또 다른 대리국인 부스라*Busra* 지배자는 메시지를 전하는 자리에서 무슬림 사절단을 처형하였다. 일부 이슬람 사학자는 헤라클리우스*Heraclius* 황제가 직접 지방 총독들을 동원해 적대 행위를 하도록 지시했다고 보고한다.[22] 그런 비잔티움과 위성국들의 반응은 즉시 무슬림들로 하여금 신성한 메시지의 전달을 막지 못하게 할 방법을 모색하게 만들었다. 이 반항적 통치자들의 선

....

22 Haykal, *The Life of Muhammad*, pp. 338–389.

택은 그들의 무모한 행동으로 더욱 방해되었다. 그들의 문 앞에서 무슬림 군대는 세 가지 선택을 제시했다. 이슬람을 받아들이거나 이슬람적 세계 질서를 수용해 자유롭게 자신들의 종교를 행사하면서 스스로의 인권과 기업의 권리를 보장받거나, 이도 저도 아니라면 결국 전쟁이었다. 한편 무슬림들의 사기는 매우 드높아 사해의 남동쪽 마안*Maan*에서 군대를 지휘하는 선지자의 동료 압둘라 이븐 라와하*Abdullah ibn Rawahah*의 정신이 그 대표적이었다. 그는 적들과 조우하기에 앞서 동료들에게 말했다.

"형제들이여! 그대들 중 몇몇은 우리에게 일어날지도 모르는, 이름하여 순교 때문에 겁낼지 모르지만, 우리 무슬림은 숫자나 장비로 싸우는 것이 아니요. 우리에게 있는 힘이라면 오직 하나님께서 우리에게 은혜로 마련해 주신 신앙심에 있으니, 모두 일어나 전투에 앞섭시다. 승리와 순교 두 가지 위대한 축복 중 하나는 우리 것이니 어느 경우라도 우리는 승자입니다."

이와 비슷한 정신은 페르시아 제국과 대치하고 있던 무슬림들에게도 있었다. 몸을 움직이기도 어려울 만큼 눈부시게 빛나는 금과 보석으로 화려하게 치장한 페르시아 총

사령관은 평소처럼 사막 복장으로 온 무슬림 사령관에게 물었다.

"왜 우리와 싸우려는 것이요?"

무슬림 사령관이 대답했다.

"인간이 다른 인간을 숭배할 게 아니라 인간을 창조하신 하나님을 섬길 것임에, 이 목적을 위해 우리들은 당신네 병사들이 살고자 하는 만큼 죽을 각오가 되어 있습니다."

히즈라 10년^{서기 632년}, 선지자는 10만이 넘는 무슬림을 이끌고 마디나에서 마카까지 하지^{Haji, 성지순례}를 수행하였다. 수만 명이 반도 각지에서 선지자의 순례에 동행하고자 왔고, 또 수만 명은 길 가는 행렬에 동참했으며 나머지 사람들은 곧 바로 마카를 향했다. 선지자는 이 자리에서 마지막이 될 설교를 하며 신성한 신탁 관리자로서 받은 메시지를 요약했다.

낙타에 오른 선지자가 말하면 라비아 이븐 우마이야^{Rabiah ibn Umayyah}가 옆의 또 다른 낙타에서 모든 사람들이 들을 수 있도록 그 말을 되풀이했다.

터키 코냐에 있는 인세 미나렛 이슬람 학교. 1260~1265년 건축.

"여러분 제가 이 자리에서 다시 여러분을 만날 수 있을지 모르겠으니 제 말을 잘 들어 주시기 바랍니다. 주님을 만날 때까지 여러분의 생명과 재산은 성스러운 이 달과 이 날처럼 서로에게 존중되어야 할 것이며, … 진정코 여러분은 주님을 만날 것이니 주님께서 여러분의 행위를 심판하십니다. 자기 재물이 아닌 것을 취득했다면 정당한 주인에게 돌려 주어야 합니다. … 오직 여러분 자본만이 여러분들 것이니 모든 이자는 폐지되며 면제됩니다. … 여러분은 어떤 불의나 부당함도 받지 않을 것입니

꾸란과 순나

다. … 하나님께서는 이슬람 이전 압바스 이븐 압둘 무딸 리브*Abbas ibn Abdul Muttalib*와 [무함마드가 상속받은]그의 가문 에 속한 모든 이자를 포기하도록 명령하셨습니다. … 여 러분, 이제 사탄은 이 땅에서 경배받을 희망을 잃었습니 다. 그럼에도 그는 여전히 여러분들의 소소한 행동을 결 정할 능력이 있습니다. … 여러분, 그대에게 여성으로부 터 존중받을 권리가 있듯, 여성들도 그대로부터 존중과 더불어 배려받을 권리가 있습니다. … 그들은 여러분의 동반자이자 헌신적 조력자임에 잘 대하고 친절하십시오. … 여러분에게 하나님 책과 선지자의 순나를 남겨 두나 니 잘 따른다면 결코 방황하지 않을 것이요."[23]

이 설교를 마친 지 81일 만에 선지자는 세상을 떠났다. 열흘 동안 앓아 누웠는데 고열이 심했다. 그가 묻히기 전 에, 그의 동료들은 그가 떠난 후 자신들의 운명을 숙고하기 위해 회합을 가졌다. 그의 죽음은 일부 동료들의 이성을 잃게 할 정도의 끔찍한 충격이었다. 깊은 슬픔에 빠진 그 들은 우마르*Umar*가 그 회합에서 "무함마드는 죽지 않았으며 예수에게 하신 것처럼 하나님께서 천국으로 불러 올리셨으 니 영원히 사는 것"이라는 호소에 반응했다. 잠시 후 아부

23 Ibn Ishaq, Sirat, Vol. 4, pp. 1022 ff.; Haykal, *The Life of Muhammad*, pp. 486–488.

바크르$^{Abu\ bakr}$가 회합에 참석했다. 우마르의 말을 들은 아부 바크르는 손가락으로 그를 쿡 찌르면서 조용히 앉아 있으라고 했다. 그러나 우마르는 개의치 않고 오히려 더 크게 말했다. 아부 바크르가 일어나 모여 있는 무슬림들에게 연설을 했다.

"여러분이여, 만약에 그대들이 무함마드를 섬겼다면 무함마드는 이제 죽었다는 것을 아십시오. 죽었습니다. 죽었단 말입니다. 그러나 만약 여러분들이 하나님을 섬겨왔다면 하나님께서는 영원하시며 결코 돌아가시지 않는다는 것을 알아야 합니다. 하나님께서 그분의 성서에서 말씀하셨습니다. '무함마드는 그 이전의 다른 선지자들처럼 인간에 불과함에도 그가 죽거나 살해당한다고 해서 [오직 하나님만이 신이라는]그대 믿음을 저버릴 텐가?'"^{꾸}

란 3장 144절

이때가 무함마드를 신격화하거나 그에게 전적으로 하나님에게 귀속된 초자연적 특성을 부여하려는 시도에 대해 무슬림 세계가 들은 최후의 시간이었다.

그 이전에, 이집트 아내 마리얌^{Maryam}과의 사이에서 태어난 아들 이브라힘^{Ibrahim}의 사망으로 무함마드는 깊은 슬픔

꾸란과 순나

에 휩싸였다. 아들이 없었기에 이브라힘의 탄생은 그에게 큰 희망을 의미했으므로 아들의 이름을 조상 중에서 선택해 지어 그 희망을 드러냈다. 태어난 지 몇 달밖에 되지 않은 아기의 사망은 그를 침통하도록 만들었다. 그러자 몇몇 동료들이 아기는 사망한 게 아니라 하나님께서 함께하시려고 데려가신 것이라 위로했다. 무함마드는 죽은 아기를 품에 안고 말했다.

"이브라힘아, 네가 하나님의 선지자 무함마드의 아들이라는 사실조차 네가 창조주를 만나는 데 아무런 소용이 없구나. 해와 달은 하나님 증표란다. 그것들은 누구를 위해 비추거나 뜨고 지지 않으며, 누구의 죽음에 가려지지도 않는다. 자신의 행위 이외에 인간에게는 아무것도 소용 없는 거란다."

꾸란과 순나

발행일 • 2023년 6월 30일 초판 1쇄

지은이 • 이스마일 라지 알-파루끼, 루이스 라미야 알-파루끼
옮긴이 • 쌀람누리
펴낸이 • 오성준
편집 • 김재관
디자인 • BookMaster **K**

펴낸 곳 • 아마존의나비
등록번호 • 제2018-000191호(2014년 11월 19일)
주소 • 서울시 은평구 통일로73길 31
전화 • 02-3144-8755, 8756 **팩스 •** 02-3144-8757
이메일 • info@chaosbook.co.kr

ISBN 979-11-90263-17-7 93280

아마존의나비는 카오스북의 임프린트입니다.

이 책은 쌀람누리와 아마존의나비의 독점 계약에 따라 발행된 저작물로 저작권법의
보호를 받습니다.